Kohlhammer

Günther Beltz/Stefanie Beltz/
Anette Gohlke/Karin Zenker

Performance trotz Empathie

Wertschätzend kommunizieren, erfolgreich führen, produktiv arbeiten

Verlag W. Kohlhammer

Wir danken allen, die dieses Projekt initiiert, unterstützt und dazu beigetragen haben, es zum Erfolg zu führen.

1. Auflage 2026

Gesamtherstellung: W. Kohlhammer GmbH, Heßbrühlstraße 69, 70565 Stuttgart
produktsicherheit@kohlhammer.de

Print:
ISBN 978-3-17-046404-9

E-Book-Formate:
pdf: ISBN 978-3-17-046405-6
epub: ISBN 978-3-17-046406-3

Inhalt

Vorwort

Kunden von heute suchen mehr als Produkte oder Dienstleistungen – sie suchen ein positives Erlebnis. »Performance trotz Empathie« eröffnet den Weg zu einem völlig neuen Erleben von zwischenmenschlichem Umgang, der sich keinesfalls nur auf den Kundenservice beschränkt – er verändert die gesamte Unternehmenskultur hin zu mehr Zukunftsfähigkeit.

Mein Name ist Romy Langer, ich bin Expertin mit jahrelanger Erfahrung in der Kundenbetreuung im B2B- und B2C-Bereich und über 20 Jahren Führungserfahrung. Seit 2019 beschäftige ich mich intensiv mit dem Wert von Empathie und Serviceexzellenz für Kunden und Mitarbeitende. Und so begann ich das Konzept für die AOK PLUS zu schreiben, zu pilotieren, weiterzuentwickeln und zu erfahren, dass die Antwort auf die transformative Kraft der Empathie nachweislich in einer gesteigerten emotionalen Intelligenz und einer verbesserten sozialen Interaktionen liegt. Die Fähigkeit und die Entscheidung, sich in andere hineinzuversetzen und deren Perspektive verstehen zu wollen, ist eine Schlüsselkompetenz in der modernen Arbeitswelt. Ich lade Sie herzlich ein, sich auf eine Reise zu begeben, die Ihr persönliches und beruflich-fachliches Wachstum durch die Linse der Empathie neu definiert.

Dieses Buch ist ein Plädoyer für die große Bedeutung loyaler Kunden und die Rolle, die Empathie dabei spielt, nicht nur ihre Erwartungen zu erfüllen, sondern sie zu übertreffen. Es ist ein Leitfaden, der zeigt, wie Unternehmen durch das Verständnis und die Wertschätzung jedes einzelnen Kunden einen bemerkenswerten Vorteil erlangen können. Es zeigt, dass in Zeiten, in denen technologische Fortschritte und Künstliche Intelligenz das Leben dominieren, die menschliche Nähe und das Verständnis für den Kunden entscheidende Wettbewerbsvorteile sind.

Wir leben in einer Zeit, in der Kunden eine andere Art der Wahrnehmung ihrer Bedürfnisse verlangen. Sie erwarten, dass Unternehmen ihre Wünsche nicht nur erkennen, sondern auch wertschätzen und darauf reagieren. Dieses Buch macht deutlich, dass es nicht ausreicht, freundlich zu sein oder gute Dienstleistungen anzubieten. Es geht darum, den Kunden wirklich zuzuhören, ihnen auf Augenhöhe zu begegnen und ihnen ein unvergessliches Serviceerlebnis zu bieten. Die Autoren argumentieren, dass eine reine Prozessorientierung nicht mehr ausreicht, um Kunden dauerhaft zu begeistern. Stattdessen muss der Fokus auf Kundenzentrierung liegen, wobei Empathie nicht nur die Beziehung zu Kunden stärkt, sondern auch zu messbaren Erfolgen im Unternehmen führt. Ich sehe Empathie als transformative Kraft in Unternehmen und kann Sie nur ermutigen, dies auszuprobieren. Worum geht es also konkret?

Die Fähigkeit, sich in die Lage des anderen zu versetzen, seine Bedürfnisse zu erkennen, diese verstehen zu wollen, ist heute mehr denn je gefragt. In diesem Buch werden Sie entdecken, wie Empathie die Haltung und Wirkung im Kunden- und Kollegenkontakt maßgeblich beeinflusst und wie sie als Schlüssel zum Erfolg eingesetzt werden kann. Sie werden lernen, wie Empathie die Persönlichkeitsentwicklung und Resilienz von Mitarbeitenden und Führungskräften fördert und wie dieser Prozess nicht nur das individuelle Wohlbefinden steigert, sondern auch einen direkten, positiven Einfluss auf die Unternehmensleistung hat.

Das Buch bietet praktische Einblicke, wie Empathie in der Praxis umgesetzt werden kann und wie sie die Beziehung zu Kunden und Kollegen von Grund auf verändert. Sie werden erfahren, was Kunden wirklich von Unternehmen erwarten und wie Sie durch Empathie eine tiefere, bedeutungsvollere Verbindung zu ihnen aufbauen können. Letztendlich ist dieses Buch eine unverzichtbare Ressource für alle, die im Zeitalter der Digitalisierung und Automatisierung echte Nähe zum Kunden schaffen und erhalten wollen. Denn Empathie ist eine persönliche Haltung, die den Unterschied ausmacht. Dieses Buch verspricht, ein unverzichtbarer Leitfaden für alle zu sein, die im heutigen wettbewerbsintensiven Umfeld erfolgreich sein wollen.

1
Empathie – Währung des 21. Jahrhunderts

» Guten Morgen! Wie fühlen Sie sich heute?

Diesen Satz hört man in Unternehmen selten. In einer deutschen Großstadt steckte ein essentielles Infrastrukturprojekt von dreistelliger Millionenhöhe genau deswegen viele Monate fest. Vor dem Verwaltungsgebäude staute sich der Verkehr, drinnen die Emotionen.

Gefühle haben in der Arbeitswelt nichts verloren – so das Credo. Fakt ist: Gefühle beeinflussen *alles*, was wir tun. Sie können Millionensummen einsparen – oder vernichten. Denn keine der Verzögerungen hatte damit zu tun, dass irgendwo ein Bagger fehlte.

Wenn wir ehrlich sind, sprechen wir ständig über Emotionen: Der aufbrausende Produktionsleiter, die sensible IT-Chefin – wenn wir Menschen beschreiben, sind emotionale Charakteristika viel entscheidender als äußere. Gleichzeitig sind sie schwerer zu fassen.

Viele Unternehmen versuchen deshalb, stattdessen den technischen Fortschritt zu nutzen. Digital, künstlich intelligent und immer schneller – so wird die schöne neue Arbeitswelt gezeichnet. Es wird über Prozesse geredet, umstrukturiert was das Zeug hält – und der Mensch hat zu funktionieren, idealerweise gesteuert von einer absolut rationalen Maschinenintelligenz.

Man digitalisiert die Zukunft und hängt beim Menschenbild Jahrzehnte in der Vergangenheit fest.

Burnout, Fluktuation, innere Kündigung, verzweifelte Personaler und resignierte Führungskräfte sind ein häufiges Resultat. Die Konfliktkosten steigen rasant – und der Versuch einer Lösung setzt auf ein *mehr desselben, aber schneller*.

Wir sind angetreten, um das zu ändern. Dazu stellen wir den Menschen mit seinen Gefühlen, Wünschen und Bedürfnissen in den Mittelpunkt – mit eindeutig messbaren, betriebswirtschaftlichen Ergebnissen.

Empathischer Dialog und wirtschaftlicher Erfolg sind keine Gegensätze – sie bedingen sich gegenseitig.

Denn es geht bei empathischer Kommunikation nicht um Zeitgeist, Gendersprache und Yogi-Teezirkel. Es geht darum, die Fakten zu akzeptieren: Wir sind emotionale Wesen. Wer das verinnerlicht und umsetzt, wird in Zukunft erfolgreich sein. Technologie können die anderen auch – aber wirkliche Transformation beginnt und endet immer mit den Menschen.

2
Unternehmen des 21. Jahrhunderts

» Unser Überleben als Spezies hängt davon ab, zu erkennen, dass unser Wohlergehen und das Wohlergehen anderer tatsächlich ein und dasselbe sind. – Marshall B. Rosenberg[1]

Was können Sie als Führungskraft tun, um genau diesen Kulturwandel in Ihrem Unternehmen voranzubringen? Mit dieser Frage stehen Sie nicht allein.

Das Leben als Entscheider hat dabei durchaus seine Tücken. Ja, Sie haben viele Gestaltungsmöglichkeiten – beruflich durch weitreichende Befugnisse und privat durch einen überdurchschnittlichen finanziellen Spielraum. Aber Sie stehen auch unter enormem Handlungsdruck, und zusätzlich steigen die Anforderungen an Ihr Persönlichkeitsprofil stetig. Es wird erwartet, dass man nichts weniger als ein Alleskönner ist – bei gleichzeitigem Bewusstsein, dass diese Anforderungen natürlich unrealistisch sind.

Perfektionistische Anforderungen sind ein allgemeines Problem unserer Gesellschaft. Sie führen jedoch nicht zu einer Verbesserung der Gesamtsituation, sondern machen die Menschen lediglich unglücklich – einfach deshalb, weil sie ständig an unrealistischen Maximalansprüchen scheitern. Moderne Führungskräfte wissen, dass sie unmöglich alle Probleme allein lösen können. Auch lassen sich unmöglich alle Facetten der immer komplexeren Abläufe im Unternehmen kontrollieren – Stichwort Mikromanagement. Die Ära der Patriarchen und Alleinherrscher ist vorbei. Wer heute auf diese Weise ein Unternehmen führt, wird ziemlich bald ohne Mitarbeiter dastehen. Es gilt, den passenden Führungsstil für unsere

---

1 Parallel empfiehlt sich die Lektüre des Werks von Marshall B. Rosenberg: Gewaltfreie Kommunikation. Eine Sprache des Lebens, München 2012.

Zeit zu entwickeln. Dabei soll die Individualität des Menschen ebenso im Vordergrund stehen, wie die aus wirtschaftlicher Sicht nötige Höchstleistung – denn genau das ist entscheidend, um im internationalen Wettbewerb zu bestehen. Dieser Spagat stellt viele Führungskräfte vor eine scheinbar unlösbare Aufgabe. Das Resultat sind immer mehr Regeln, Richtlinien und Prozesse – die nur noch weiter zur Überforderung der Belegschaft beitragen.

Auch die Versprechungen der Technologie führen nicht aus diesem Dilemma hinaus. Moderne Werkzeuge wie KI und hochspezialisierte Software können zwar die Produktivität steigern und repetitive Aufgaben automatisieren – im Kern aber gehen sie an dem vorbei, was ein Unternehmen wirklich ausmacht: den Menschen. Arbeitsabläufe, Technik, KI, Automatisierung und Arbeitsmittel sollten Ihre Mitarbeiter zufriedenstellen – nicht umgekehrt. Die Menschen sind der Schlüssel zu jedem erfolgreichen Unternehmen – und empathische Kommunikation ist der Schlüssel zu den Menschen.

Das führt uns direkt zurück zur Eingangsfrage: Was können Sie als Führungskraft tun, um diesen Wandel in Ihrem Unternehmen voranzubringen? Denn Sie haben sicher schon festgestellt: Wer etwas verändern will, der stößt auf Widerstände. Die Frage ist – wie gehen Sie damit um? Es wird viel davon gesprochen, wie man solche Widerstände überwindet. Wir sind der Meinung: Widerstände sollte man ernst nehmen und als eine Chance für Veränderung begreifen, anstatt sie auszuhalten oder irgendwie zu überwinden. Diese Haltung ist der entscheidende Faktor für erfolgreiche Teams und auch für den Erfolg von Gewaltfreier Kommunikation in Ihrem Unternehmen. Wir verwenden die Begriffe Gewaltfreie Kommunikation (GFK) und Wertschätzende Kommunikation synonym, da der Begriff *Wertschätzende Kommunikation* im Business mehr Akzeptanz erfährt; zudem hat Marshall B. Rosenberg, der Begründer dieses Modells, inspiriert von Mahatma Gandhi den Begriff *Gewaltfreie Kommunikation* geprägt und wir wollen dies wertschätzen.

Wie sagte schon Steve Jobs? *»It doesn't make sense to hire smart people and then tell them what to do. We hire smart people so they can tell us what to do.«*

Die Antwort ist tatsächlich so einfach: Je mehr Sie Menschen befähigen, selbst zu gestalten, desto eher verschwinden die Widerstände. Die Mitarbeiter merken nämlich, dass sie Herausforderungen selbst lösen müssen, können und dürfen. Das tun sie dann meist schneller, nachhaltiger und effizienter, als es teure Change-Management-Beratungen können – denn die wollen Widerstände beseitigen, die es bei befähigten Mitarbeitern gar nicht gibt.

» Meine Kunden sind messbar zufriedener, weil ich ihre Bedürfnisse besser erkennen kann. Das heißt nicht, es jedem recht zu machen – aber der Stresslevel sinkt auf beiden Seiten.

3
Problemlösungsfähigkeit als Kernkompetenz

» Es gibt nichts Gutes, außer: Man tut es! – Erich Kästner

» Der schwierige Weg wird leicht, der leichte Weg schwer. – Robert T. Kyosaki

Um es gleich vorwegzunehmen: Es liegt bei vielen Problemen nicht daran, dass wir nicht genug tun, sondern nicht das Richtige. Kein Wunder – im Unternehmensalltag sind wir ständig mit Problemen konfrontiert: Irgendwo hakt es immer im Getriebe. Konflikte lösen, Krisen bewältigen, Prioritäten setzen – Tagesgeschäft nennt man das, und es ist – bildlich gesprochen – tödlicher als alle Weltmeere, denn schon so manches hoffnungsvolle Projektschiff ist darin untergegangen.

So entsteht ein Gefühl von Dauerstress, der als energieraubend und ermüdend beschrieben wird. Wie sehr man sich auch anstrengt, es bleibt immer irgendetwas unerledigt – und dabei haben wir die Firma noch gar nicht verlassen. Sehr deutlich zeigt das eine Studie von EO: 62% der befragten Manager und Führungskräfte können ihrem Privatleben keine angemessene Zeit einräumen – mit allen daraus resultierenden Konsequenzen.[2]

Neben dem normalen Tagesgeschäft werden Themen wie Personalmangel, Fluktuation, Krankenstand, steigende Kosten, geringe Effizienz und sinkende Motivation als wesentliche Hürden für den unternehmerischen Erfolg genannt. Das

2 EO Institut GmbH (Hrsg.): Führungskräfte-Studie 2017–2018.

sind aber immer nur Symptome. Bereits 2012 zählt eine Studie von SCOPAR die wesentlichen Ursachen dafür auf[3]:

- Blockade von wichtigen Veränderungen
- Fehlende Visionen und Unternehmensziele
- Schlechte Führungskultur
- Veraltete oder fehlende IT-Systeme
- Schlechte Kommunikation
- Starre Strukturen
- Aktionismus statt strategischem Weitblick
- Kompetenzverlust durch (falsche) Einsparungen
- Informationsüberlastung
- Schlechte Kunden- und Wettbewerbsorientierung

Man erkennt schnell, dass fast alle aufgezählten Probleme auf zwischenmenschlicher Ebene entstehen.

Aber was wäre, wenn der größte Teil der Konflikte direkt am Entstehungsort gelöst wird? Was wäre, wenn auch ein Job im Top-Management Zeit für die entscheidenden Aufgaben lässt – innerhalb und außerhalb des Unternehmens? Wenn die Performance genauso steigt wie die Mitarbeiterzufriedenheit? Wenn das Recruiting von Fachkräften wie von selbst passiert, Fluktuation und Krankenstand auf einem Rekordtief sind und zufriedene Kunden Ihr Unternehmen von sich aus weiterempfehlen?

Das ist möglich, wenn Mitarbeiter in ihrer Problemlösungskompetenz gestärkt werden. Denn jeder Mensch besitzt eine intrinsische Motivation, seine Umgebung zu gestalten und die Dinge zum Besseren zu verändern – wenn er es freiwillig tun darf. Wir alle haben das Bedürfnis, wirksam zu sein – leider haben wir nur selten gelernt, wie wir das selbst erreichen können. Zusätzlich stehen Unternehmen mit

---

3 Jürgen T. Knauf: Die 10 größten Business-Killer und 30 Maßnahmen zur Vermeidung, SCOPAR GmbH 2012.

einer Vielzahl an Richtlinien und Vorgaben der vollen Potentialentfaltung der Mitarbeiter im Weg.

Mit der Gewaltfreien Kommunikation (GFK) entwickeln sich Persönlichkeiten, die selbständig Konflikte lösen können und Ideen vor dem größeren Kontext der Unternehmensziele umsetzen.

Als Experten und Trainer geben wir dabei Impulse, leiten an und helfen zu verstehen. Die überwiegende Zahl der Menschen entscheidet sich bewusst dazu, das Angebot anzunehmen. Die positiven Effekte für das Unternehmen zeigen sich mittel- bis langfristig in aller Deutlichkeit – durch bessere Kommunikation, durch die Abnahme von Konflikten und daraus resultierend allen positiven Veränderungen, die damit einhergehen.

Unser Angebot ist sehr klar: Wir geben Menschen und Unternehmen die Möglichkeit, das Zepter wieder in die Hand zu nehmen. Oder kurz gesagt: ins TUN zu kommen.

GFK hat die angenehme Tendenz, sich zu verselbständigen. Sie ist kein Werkzeug, das man benutzen muss, keine Methode, die es anzuwenden gilt. Sie ist eine Haltung, die darauf abzielt, mich selbst für meine Belange einzusetzen und diese ernst zu nehmen, genauso, wie die Anliegen und Motivationen des Gegenübers verstehen zu wollen. Einmal ins Rollen gebracht, werden Veränderungen ganz von selbst passieren – mit einer ungeahnten Leichtigkeit, die nur echte Transformation hervorbringen kann. Alles, was es braucht, ist ein wenig Mut und Vertrauen in den (Veränderungs-)Prozess.

» Auch interne Konflikte klären wir jetzt lösungsorientiert und auf Augenhöhe. Das Verständnis für mein Gegenüber und mich selbst sorgt für ein freundliches und sehr produktives Betriebsklima. Die richtige Kommunikation bringt uns wirklich weiter als alle Technik.

4
Die Konfliktfähigkeit unserer Gesellschaft

» Urteile (auch über mich selbst) sind ein tragischer Ausdruck unerfüllter Bedürfnisse. – Marshall B. Rosenberg

Wer wissen möchte, wie es um die Konfliktfähigkeit unserer Gesellschaft steht, der braucht sich nur eine Talkshow anzuschauen: Es wird gestritten, debattiert, gezankt, beschimpft, diffamiert und angegriffen. Es wird um Mehrheiten gerungen, es wird sich auseinandergesetzt – allerdings selten sachlich und noch seltener mit Blick auf die Sichtweise der anderen. Bestenfalls wird einmal »ergebnisoffen diskutiert« – was in der Politikersprache so viel bedeutet wie: Man ist für das Ergebnis offen, solange es den eigenen Belangen nützt. Über die Absurdität einer Diskussion, bei der man nicht für das Ergebnis offen ist, denkt man anscheinend gar nicht mehr nach. Es scheint leider trotzdem – oder gerade deswegen – eher die Regel als die Ausnahme zu sein. Wir haben kaum noch Interesse an einem offenen Diskurs mit dem Ziel, aufgrund der verschiedenen Sichtweisen der Wahrheit näher zu kommen und zu verstehen, sondern wir gehen in den vermeintlichen Austausch, um recht zu haben und den anderen zu überzeugen.

Warum das so ist, liegt an der grundlegenden Struktur unserer Gesellschaftsnormen: Es ist wichtig, Recht zu haben. Wer Recht behält, wird automatisch damit in Verbindung gebracht, rechtschaffen – also richtig und wahrhaftig – gehandelt zu haben. Fehler oder vermeintliche Irrtümer werden als etwas Schlechtes angesehen, statt sie als Normalität zu akzeptieren. Es hat sich – aus welchen Gründen auch immer – so eingebürgert: Recht zu haben, ist eine Tugend. Schon Schopenhauer schrieb, längst von der Menschheit angewidert und zum Misanthropen geworden, ein Buch mit dem Titel »Die Kunst, Recht zu behalten«.

Statt in die Verbindung mit anderen Menschen zu gehen und uns ehrlich für verschiedene Standpunkte zu interessieren, sind wir lieber davon besessen, selbst Recht zu haben. Statt überzeugt zu werden oder einen Konsens zu finden, versuchen wir lieber, zu überzeugen. Wir trainieren das in Debattierclubs und feiern besonders scharfzüngige Anwälte in Fernsehserien. Wer recht hat, gewinnt. Und wer gewinnt, steht besser da und hat recht!

Hat man Unrecht, gibt man nach oder rückt von der eigenen Position ab, gilt das ebenso als Schwäche wie das Eingeständnis, vielleicht nicht immer und für jedes Problem sofort eine Lösung zu präsentieren. Auch werden gute und sinnvolle Lösungen umso heftiger bekämpft, je mehr die Gegenseite von ihnen profitiert. Macht man sich bewusst, dass das Gerangel um Macht, Einfluss und Position nicht auf den Politikbetrieb beschränkt ist, sondern auch in jeder Organisation eine treibende Kraft darstellt, erklärt sich auch so mancher hanebüchene Blödsinn, der regelmäßig verzapft wird.

Die gute Nachricht ist: Der offene Austausch findet auch in der Politik dennoch statt, und zwar im Rahmen der Schattendiplomatie. Man unterhält sich in abgeschirmten Konferenzräumen, ohne Kameras und Mikrofone. In Ausschüssen wird ganz anders verhandelt als nach außen hin dargestellt. Hier redet man auch parteiübergreifend miteinander, hört der anderen Seite zu, geht auf Vorschläge ein und findet gemeinsam Lösungen. Das passiert immer dann, wenn die Mehrheit der Beteiligten einsieht: So wie im Moment kommen wir einfach nicht weiter. Ohne diese Art der Kommunikation würde unsere Gesellschaft schon lange nicht mehr funktionieren.

Marshall B. Rosenberg sagte dazu: »*Du kannst Recht haben, oder glücklich sein – beides geht nicht.*«

Dabei geht es nicht darum, nach dem häufig verwendeten Satz zu handeln: »Komm, Du hast Recht und ich meine Ruhe.« – denn das ist auch nur eine Form der Abwehr und Abkehr vom Gegenüber. Es geht darum, nicht auf dem eigenen Standpunkt zu beharren, sondern eine gemeinsame Lösung zu finden – mit der eindeutigen Absicht, auch die Sichtweise des anderen zu verstehen.

Wichtig ist aber auch, sich daran zu erinnern, dass Rosenberg sagt: »*Verstehen heißt nicht einverstanden sein!*«

Unsere Mission ist es, Menschen und Organisationen einen Weg zu einer anderen Art der Kommunikation zu zeigen. Dafür bedarf es allerdings keiner Phrasen oder Anleitungen zur Konfliktlösung. Es braucht dazu eine andere Einstellung, eine persönliche Haltung – sich selbst und anderen gegenüber.

Stellen Sie sich zur Veranschaulichung eine Situation in einer deutschen Talkshow vor, wo mal wieder mit hochroten Köpfen gestritten wird. Plötzlich lehnt sich ein souveräner Spitzenpolitiker nach vorn, legt die Hände aufeinander und hört seinem Gegenüber ernsthaft zu – ganz ohne das übliche Abwarten, Unterbrechen oder Hineingrätschen. Als der andere geendet hat, sagt er: »*Ich sehe, das Thema scheint Ihnen wirklich am Herzen zu liegen. Sind sie deswegen besorgt und wünschen sich Sicherheit? Was würden Sie denn an meiner Stelle tun?*«

Können Sie sich vorstellen, welche Richtung die Diskussion ab diesem Punkt nimmt? Wie die andere Person reagiert, was sie fühlt – und ob es noch einen Moderator braucht?

Das alles funktioniert aber nur, wenn Führungskräfte wirklich die innere Einstellung haben: Ich kann nicht jedes Problem lösen, ich weiß nicht alles und ich muss nicht alles im Alleingang regeln. Gleichzeitig bin ich daran interessiert, wie mein Gegenüber denkt und welche Vorschläge es mitbringt. Und ich kann auch eine Ablehnung ohne Groll oder Ärger akzeptieren – genauso wie ich mich selbst auch abgrenzen kann, ohne dafür auf Angriffe oder Grobheiten zurückgreifen zu müssen.

Zugegeben: Für eine Talkshow in unserem aktuellen politischen System ist das vielleicht zu viel verlangt.

In Unternehmen und Organisationen funktioniert es auf jeden Fall und nachweislich. Wenn Sie den Mut haben, den Weg zu gehen, ist die Wertschätzende Kommunikation die Lösung für viele der aktuellen und zeitlosen Schwierigkeiten, vor denen jedes Unternehmen steht.

5 Gewaltfreie Kommunikation als Lösung

>> Ich weigere mich zu glauben, dass ich nicht sowohl mitfühlend als auch stark sein kann. – Jacinda Ardern, ehem. Premierministerin Neuseelands

Gewaltfreie Kommunikation nach Marshall Rosenberg beschreibt eine innere Haltung, die empathische Verbindungen zwischen Menschen fördert und Konflikte konstruktiv löst. Der Kern der GFK liegt in der Überzeugung, dass hinter jeder Handlung Bedürfnisse stehen und dass das Erkennen und Ansprechen dieser Bedürfnisse zu Verständnis und Verbindung führt.

Gewaltfreie Kommunikation befähigt Menschen, unter die Oberfläche der Konflikte zu blicken und die zugrundeliegenden menschlichen Bedürfnisse zu erkennen – wie übrigens auch jüngste Forschungsergebnisse zeigen. Bei der Gewaltfreien Kommunikation geht es also um Persönlichkeitsentwicklung und das Vertrauen in die Leistungsfähigkeit selbstbewusster Menschen. Mitarbeiter können – und dürfen – Konflikte selbst lösen, Ideen einbringen und Unternehmensziele vorantreiben. Dazu braucht es allerdings auf beiden Seiten bestimmte Voraussetzungen. Seitens des Unternehmens sind das Befähigung und Vertrauen sowie die Akzeptanz, nicht jedes Detail in Vorschriften und Prozessen fixieren zu müssen. Seitens der Mitarbeiter braucht es Eigenverantwortung und lösungsorientiertes Handeln. Das funktioniert nur mit gefestigten Persönlichkeiten, die sich ihres Potentials voll bewusst sind. Dazu gehört sowohl, den eigenen Standpunkt zu kennen, als auch die Bereitschaft, sich wirklich auf das Gegenüber einzulassen. Wenn jeder nur Recht haben will, wird es zu keiner Lösungsfindung kommen. Das Ziel ist eine wertschätzende Kommunikation und ein ehrliches Verständnis für Menschen.

Wenn man sich mit GFK beschäftigt, fallen oft Worte, die im Unternehmenskontext üblicherweise nicht verwendet werden: erwähnt werden etwa Gefühle, Bedürfnisse oder Bitten. Das mag am Anfang etwas abschreckend wirken – erwartet man dies doch eher in einer Selbsthilfegruppe mit Batiktüchern und Räucherstäbchen. In einem Unternehmen geht es nicht um Gefühle, sondern um wirtschaftliche Performance, um Ergebnisse und Gewinne – so jedenfalls die vorherrschende Meinung. Wenn es gar darum geht, die Mitarbeiter in einem empathischen Gespräch um etwas zu bitten, statt klare Arbeitsanweisungen zu erteilen, steigen gerade Führungskräfte auf der mittleren Managementebene schnell aus.

Das ist aber nichts weiter als eine Verleugnung der Realität. Als Menschen haben wir Bedürfnisse, wir haben Gefühle und wir haben Bitten an unsere Zeitgenossen. Was also wird hier erwartet? Dass wir 40 Stunden pro Woche aufhören, Menschen zu sein und zu Maschinen werden? Das hieße, zu vernachlässigen, dass Empathie der wesentliche Baustein auf dem Weg zur Kooperation ist – und Kooperation der Vorteil schlechthin, welcher uns als Spezies so erfolgreich gemacht hat. Das erkennt mittlerweile auch die Wissenschaft an.

GFK auf wissenschaftlicher Basis

>> Motivation, Engagement und Lebenszufriedenheit lassen sich stärken, indem wir uns einander zuwenden und kooperieren. Zu einer Aktivierung der Motivationssysteme kommt es bereits dadurch, dass wir einander zuhören und uns gegenseitig die Möglichkeit geben, unsere Gedanken und Gefühle auszudrücken. – Joachim Bauer, »Das empathische Gen«

In seinem Buch »Das empathische Gen« von 2014 legt der Arzt und Psychiater Prof. Joachim Bauer dar, wie tief Empathie tatsächlich in unserer Biologie verwurzelt ist und welche zentrale Rolle sie für das menschliche Zusammenleben spielt.[4] Er zeigt, dass Empathie eine soziale und moralische Fähigkeit ist, die

4 Joachim Bauer: Das empathische Gen: Humanität, das Gute und die Bestimmung des Menschen, Herder-Verlag, 2021

durch genetische, neuronale und hormonelle Mechanismen im Gehirn unterstützt wird. Die evolutionäre Grundlage zur Empathie hat sich entwickelt, um Kooperation, soziale Bindungen und das Überleben der Spezies Mensch zu fördern. Empathie ist also keine neumodische Strömung, sondern ein wesentlicher Überlebensvorteil mit klarer wissenschaftlicher Grundlage.

Im Unternehmenskontext unterstützt diese Sichtweise die Wirksamkeit und gesundheitliche Relevanz der GFK. Konflikte durch Verständnis und respektvollen Austausch zu lösen, ist eindeutig im unternehmerischen Interesse. Wenn Empathie, wie Bauer darlegt, biologisch verankert ist, dann bietet GFK eine natürliche und effektive Möglichkeit, um diese Fähigkeit im Arbeitsumfeld zu fördern.

Durch die Anwendung von GFK im Unternehmenskontext kann sie dazu beitragen, ein gesundes und kooperatives Arbeitsklima zu schaffen. Dies fördert die individuelle psychische Gesundheit der Mitarbeiter sowie die Produktivität und Zufriedenheit im Unternehmen. Die biologischen Grundlagen der Empathie, die Bauer beschreibt, liefern die wissenschaftliche Begründung dafür, warum GFK funktioniert. Es gilt also nicht, etwas neu zu lernen – wir müssen viel eher wieder verlernen, *nicht* empathisch zu kommunizieren.

6
Kommunikation als Schlüssel: Wertschätzende Kommunikation im Praxiseinsatz bei der AOK PLUS

» In einem Konflikt verwenden beide Parteien normalerweise viel Zeit darauf, beweisen zu wollen, dass sie Recht haben und die andere Seite unrecht, statt auf die eigenen Bedürfnisse und die des Gegenübers zu achten. – Marshall B. Rosenberg

In diesem Kapitel stellen wir Ihnen ein Großprojekt vor und erklären, wie GFK zu konkreten Ergebnissen in den Unternehmenskennzahlen führt.

Die Ausgangssituation

Um direkt den sprichwörtlichen Elefanten im Raum zu adressieren – eine Krankenkasse ist kein DAX-Unternehmen. Sie steht allerdings in vielen Bereichen vor ähnlichen Herausforderungen: Auch hier gibt es enormen Kostendruck, starke Konkurrenz und den Anspruch, innovative Produkte zu entwickeln, die Kunden durch gute Gesundheitsleistungen binden und begeistern. Um gut ausgebildete Fachkräfte zu gewinnen, muss man sich zusätzlich als ein modernes Dienstleistungsunternehmen positionieren.

Die AOK PLUS ist eine gesetzliche Krankenversicherung für Sachsen und Thüringen, die ihre Servicequalität durch vielfache Auszeichnungen unter Beweis gestellt hat. Etwa 6.500 Mitarbeiter betreuen in 130 Filialen 3,4 Millionen Versicherte – eine echte Mammutaufgabe, und auch finanziell keine Kleinigkeit: Für das Geschäftsjahr 2024 hat der Verwaltungsrat einen Haushalt von 15,8 Milliarden Euro beschlossen.

Als Marktführer in Sachsen und Thüringen war es das erklärte Ziel, diesen Wettbewerbsvorsprung durch loyale Kunden zu festigen. Die Fokussierung der Kundeninteressen war ausschlaggebend dafür, neue Wege zu gehen und Prozesse ganzheitlich an den Kundenbedürfnissen auszurichten.

Der steigende Digitalisierungsgrad verändert die Art und Qualität des Kundenkontakts massiv. Auf der einen Seite steht eine Reduktion der Anfragen für einfache Themen – diese können zunehmend über digitale Tools wie Chatbots, FAQ-Seiten oder KI erledigt werden. Demgegenüber steigt die Komplexität der Anfragen, die zwischenmenschlichen Kontakt zwingend erfordert. Kunden erwarten nicht nur eine Problemlösung – oder noch schlimmer, Warteschleifen und die Erklärung von Prozessen – sondern ein regelrechtes Service-Erlebnis. Das stellt an das Fachwissen und die empathische Kompetenz der Berater ganz neue Anforderungen.

Die Auswirkungen machten sich auf typische Art bemerkbar, wie Sie bereits 2009 in einer Studie von KPMG beschrieben wurden: Verschleppte Projekte, Kundenbeschwerden, steigender Krankenstand und ineffiziente Abläufe.

Im offenen Dialog mit den Mitarbeitern kristallisierten sich schnell die ursächlichen Probleme heraus. Viele klagten trotz – oder gerade wegen – der neuen Prozesse über eine starke Arbeitsverdichtung. Immer weniger Menschen mussten immer mehr Aufgaben erledigen, und auch mit neuer Software und KI wurde wenig Verbesserung erzielt. Viele Kunden waren weiterhin unzufrieden und den Mitarbeitern gelang die dringend notwendige persönliche Abgrenzung immer schlechter.

Konfliktkostenstudie[5]

» Wenn Sie glauben, permanente Weiterbildung sei teuer, versuchen Sie es mit Inkompetenz. – Winston Churchill

Wir alle kennen die Auswirkungen von unzulänglichem Projektmanagement aus unserem Alltag: Autobahnbaustellen, an denen niemand arbeitet, Flughäfen, die nicht fertig werden, Behördenanträge, die in den Mühlen der Bürokratie versanden u. v. m. Als Außenstehender fragt man sich: Was ist da los? Könnte man das nicht einfacher lösen?
Dazu muss man wissen: Bei aller moderner Software und KI-Unterstützung geht auch heute noch ca. 80 % aller Tatkraft, die für ein Projekt abrufbar wäre, durch zwischenmenschliche Konflikte verloren. Grob unterschätzt werden häufig auch die Folgekosten dieser Reibungsverluste: Krankmeldungen, (innere) Kündigungen, Abfindungen, Personalsuche, Arbeitsgerichtsprozesse und Einarbeitungskosten sind nur die Spitze des Eisbergs.

Wollen Sie sich das leisten?

- Rund 25 % des Umsatzes hängen von der Kommunikationsqualität ab.
- Die Kosten für Fluktuation, Abfindungen oder Gesundheitskosten bedingt durch interne Konflikte belasten Unternehmen mit mehreren Milliarden Euro pro Jahr.
- In kleinen/mittleren Unternehmen beläuft sich der Konfliktkostenanteil auf 19 % der Gesamtkosten.
- Unglaubliche 30 % bis 50 % der Wochenarbeitszeit von Führungskräften werden direkt oder indirekt mit Reibungsverlusten, Konflikten oder deren Folgen verbracht.
- Global wird 10 % bis 15 % der gesamten Arbeitszeit für Konfliktbewältigung verbraucht.

5 »Konfliktkostenstudie: Die Kosten von Reibungsverlusten in Industrieunternehmen«. KPMG-Wirtschaftsprüfungsgesellschaft, 2009

Die Lösung heißt also nicht noch mehr Technologie, sondern die gemeinsame Entwicklung von Lösungen. Erfolgreiches, d. h. lösungs- und mitarbeiterorientiertes Konfliktmanagement bringt erwiesenermaßen bis zu 30 % mehr Produktivität für Ihre Teams und Ihr Unternehmen. Steigende Mitarbeiterzufriedenheit und weniger Fluktuation sind nur eine der automatischen Konsequenzen.

Man muss sich dabei vor Augen halten, dass Mitarbeiter einer Krankenkasse im Kundenkontakt mit kranken Menschen zu tun haben: Vom Zahnersatz über Reha-Sport bei Dauerschmerzen bis hin zu Krebs im Endstadium ist hier auf täglicher Basis alles vertreten. Das erfordert eine hohe emotionale Stabilität und ein professionelles Auftreten. Wenn die Arbeitsmittel, -bedingungen und -prozesse diese Umstände nicht berücksichtigen, sind Kündigungen und ein steigender Krankenstand vorprogrammiert. Dem verantwortlichen Geschäftsführer wurde klar: Ein »Mehr desselben« würde die Probleme nicht lösen. Es musste komplett neu gedacht werden.

» Die Definition von Wahnsinn ist: immer wieder das Gleiche zu tun und andere Ergebnisse zu erwarten. – Albert Einstein

Ein neuer Ansatz wird gefunden

» Um den Prozess der Konfliktlösung zu üben, müssen wir das Ziel, Menschen dazu zu bringen, das zu tun, was wir wollen, vollständig aufgeben. – Marshall B. Rosenberg

Wie immer, wenn man sein Unternehmen grundlegend verändern will, gibt es Widerstände. Letztlich führt uns leider oft erst der hohe Druck die Notwendigkeit vor Augen und zwingt uns zum Handeln. Am Anfang dieses Prozesses steht also die Herausforderung, den passenden neuen Ansatz zu finden.

Den Ausschlag gab in diesem Fall ein Auftritt von Prof. Christian Blümelhuber[6] auf einem Meeting des AOK-Bundesverbandes, wo er über die Wirkung von Empathie im Arbeitsalltag referierte. Denn Kunden interessieren sich nicht für Prozesse: Sie wollen mit ihren Anliegen ganzheitlich – also als Mensch – wahrgenommen werden.

Wie aber soll man Kunden auf emotionaler Ebene abholen, wenn es bereits intern in der Kommunikation hapert? Es wurde auf Leitungsebene sehr schnell klar: Wenn wir etwas ändern wollen, müssen wir neue Wege gehen. Und wenn wir es wirksam machen wollen, dann wird es groß. Das Projekt »Empathie und Nähe im Kundenkontakt« war aus der Taufe gehoben.

Wie die meisten Unternehmen hatte auch die AOK PLUS bereits weitreichende Erfahrung mit Trainings, Seminaren und Weiterbildungen. Diese waren in der Regel auf einen kurzen Zeitraum begrenzt und schienen vor dem aktuellen Hintergrund nicht zielführend. Es brauchte eine Lösung für einen nachhaltigen Change-Prozess.

Das funktioniert nur mit einem längerfristigen und umfangreichen Trainingsprogramm, das zunächst entsprechende Kosten verursacht. Um die neue Methode zu testen und im Erfolgsfall genügend Argumente für eine Erweiterung zu sammeln, entschloss man sich zu einer Pilotierung.

Unser Auftrag bestand darin, ein Trainingskonzept zu entwerfen und zunächst eine kleinere Gruppe von Mitarbeitern zu schulen.

6 Christian Blümelhuber ist seit 2013 Professor für strategische Organisationskommunikation an der Universität der Künste Berlin. Von 2006 bis 2013 lehrte er als InBev-Baillet Latour Professor für Euromarketing an der Freien Universität Brüssel.

Der Trainingsaufbau

» Empathie ist ein respektvolles Verständnis dessen, was andere erleben. Anstatt Empathie anzubieten, haben wir oft einen starken Drang, Ratschläge oder Bestätigung zu geben und unsere eigene Position oder unser Gefühl zu erklären. Empathie fordert uns jedoch auf, unseren Geist zu leeren und anderen mit unserem ganzen Wesen zuzuhören. – Marshall B. Rosenberg

Unser Schulungskonzept für »Empathie und Nähe im Kundenkontakt« umfasst 12 Tage in 4 Einheiten à 3 Tagen mit jeweils einem Monat Abstand zwischen den Trainings. Zum einen bieten 3 Schulungstage in Folge genug Zeit, um sich mit der neuen Haltung vertraut zu machen. Wie beim Erlernen einer Fremdsprache fühlt man sich zunächst unsicher und braucht länger, wird dann aber mit etwas Übung zu einem »Native Speaker«. Zum anderen lassen die Abstände zwischen den Trainings genug Zeit, um das Gelernte in der Praxis umzusetzen, zu reflektieren und so den Entwicklungsprozess ohne Druck zu durchlaufen (▶ Dar. 1).

Das Ziel am Ende des Seminares ist es, als ausgebildeter Empathieberater und Multiplikator das Gelernte in vielfältigen und oft herausfordernden Kundenkontakten vorzuleben.

Warum gerade bei der Wertschätzenden Kommunikation viel Zeit nötig ist, ergibt sich aus der Vielfältigkeit ihrer Anwendung. Wie bereits im vorigen Kapitel erwähnt, geht es dabei vor allem um Persönlichkeitsentwicklung. Dabei müssen etablierte Denkmuster und Handlungsweisen immer wieder aufs Neue hinterfragt und letztlich nicht mehr dienliche Muster verlernt werden. Die Arbeit mit konkreten Praxisbeispielen aus dem Arbeitsalltag der Teilnehmenden ist besonders wichtig und hilfreich, um das eigene Verhalten zu verändern.

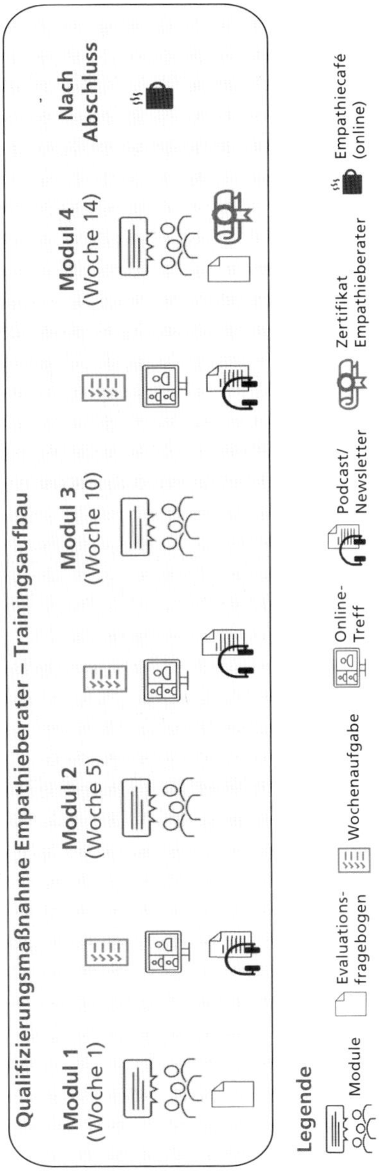

Dar. 1: Inhalt des Trainings zum ausgebildeten Empathieberater

Weiterhin dient die investierte Zeit auch dem Beziehungsaufbau zwischen Trainern und Teilnehmern sowie den Teilnehmern untereinander. Die Trainer begleiten dabei den Prozess, stehen aber nicht im Mittelpunkt. Auch deshalb ist es uns wichtig, als Trainer immer zu zweit und mit maximal 20 Teilnehmern zu arbeiten. Der Gruppentrainer begleitet dabei das gesamte Seminar von Anfang bis Ende, die Modultrainer wechseln und bringen neue Perspektiven in die einzelnen Module ein.

Dazu muss man verstehen, dass der Prozess der Persönlichkeitsentwicklung, den die GFK in Gang setzt, für einzelne Menschen fordernd sein kann. Nicht selten kommen Selbstbilder ins Wanken und alte Konflikte werden wieder durchlebt. Hier ist es notwendig, moderierend zu lenken, denn der Prozess findet natürlich immer vor dem Hintergrund des unternehmerischen Auftrags statt.

Auch wenn sich private und berufliche Verhaltensweisen häufig nicht voneinander trennen lassen, stellen wir ganz deutlich klar: Wir sind keine Therapeuten und das Ziel – Empathie im Kunden- und/oder Kollegenkontakt – steht an erster Stelle. Der Arbeitgeber bezahlt das Seminar, um eine andere Unternehmenskultur zu etablieren, und nicht für die Lösung von privaten Konflikten.

Die Grundlage gelungener Kommunikation ist die Selbstempathie: Nur wer sich selbst versteht und mit seinen Bedürfnissen und Gefühlen in Kontakt ist, kann auch empathisch auf andere Menschen zugehen. Die ersten Seminartage dienen deshalb der Vermittlung der sprachlichen Grundlagen, dem persönlichen Kennenlernen und dem Aufbau des notwendigen Vertrauens, im Prozess aktiv mitzuarbeiten.

Über den weiteren Verlauf festigen wir durch regelmäßige Podcasts und Online-Meetings auch zwischen den Präsenzterminen das Gelernte und geben Unterstützung bei Fragen und Konflikten.

Die Zwischenmodule bieten wertvolle Möglichkeiten für den Austausch der Teilnehmenden. Dieser Erfahrungsaustausch schafft gegenseitiges Vertrauen und zeigt, dass Entwicklungsprozesse individuell verlaufen und Herausforderungen normal sind. Gleichzeitig feiern wir erste Umsetzungserfolge, was die Motivation im Team steigert. Solche Treffen fördern zudem die teamübergreifende Verbindung, da die Teilnehmenden sich auch in Online-Sitzungen offen über ihre Erfahrungen und Erwartungen austauschen.

Die Umsetzung

> Das Ziel der Gewaltfreien Kommunikation ist es nicht, Menschen und ihr Verhalten zu ändern, um unseren Willen durchzusetzen, sondern Beziehungen aufzubauen, die auf Ehrlichkeit und Empathie basieren, die schließlich die Bedürfnisse aller erfüllen. – Marshall B. Rosenberg

Das Trainingskonzept überzeugte die Geschäftsleitung, das Pilotprojekt erhielt die Freigabe, so dass kurzfristig mit einer Gruppe von Mitarbeitern gestartet werden konnte. Die Zusammenarbeit veränderte sich in dieser Gruppe bereits nach kurzer Zeit sehr deutlich.

Um einen wirklichen kulturellen Wandel anzustoßen, ist aber eine kritische Schwelle in der Belegschaft zu überschreiten. Unserer Erfahrung nach liegt diese bei der GFK deutlich niedriger als man erwarten würde: die gewünschten Ergebnisse konnten bereits nach dem Training von 460 Mitarbeitern und 230 Führungskräften erreicht werden, was über 10 % der Gesamtbelegschaft entspricht. Das Projekt erstreckte sich auf 386 Trainingstage in der Zeit von 2020 bis Anfang 2025.

GFK und Führungskräfte

> Der Fisch stinkt vom Kopf her. – altes Sprichwort

Top-down oder Bottom-up? Wahrscheinlich diskutieren Menschen darüber, seit sie Organisationsstrukturen kennen. Wir sind der Meinung, dass Ermächtigung von oben kommen muss. Wer mutige, selbstbewusste, konfliktfähige Mitarbeiter mit Problemlösungskompetenz haben möchte, muss selbst auch so handeln. Dazu braucht es als erstes die Erkenntnis, dass man als Führungskraft nicht auf alles eine Antwort hat – und auch nicht haben muss.

Führungskräfte kennen die Thematik zur Genüge: Mitarbeiter wenden sich mit Problemen an sie und erwarten eine Lösung. Was aber, wenn gerade keine Lösung gefunden werden kann – entweder weil es im Rahmen von Richtlinien keine gibt oder weil es im Endeffekt gar nicht um eine technische Lösung geht, sondern um ein Problem auf der Beziehungsebene? Wenn man den Mitarbeiter mit ins Boot holt und gemeinsam eine Lösung erarbeitet, passieren folgende Dinge:

- Der Mensch hinter dem Problem wird verstanden, ernst genommen und wertgeschätzt.
- Eine gemeinsame Lösungssuche schafft Verbindung und Erfolgserlebnisse.
- Die Erkenntnis »Ich bin nicht allein« stellt sich ein.

Eine Grundvoraussetzung ist es, dass die vermeintlich stärkere oder hierarchisch höhergestellte Seite zulassen (und zugeben) kann, gerade selbst nicht weiter zu wissen. Die Verbindung entsteht nicht über eine künstliche Distanz, sondern über Aufrichtigkeit, Ehrlichkeit und gelebte Authentizität. Vor allem eröffnet die Einbeziehung der Kompetenz des Mitarbeiters neue Möglichkeiten.

Dabei haben wir bei Führungskräften höhere Widerstände in unseren Schulungen beobachtet: In den meisten Firmenkulturen sind Gefühle, Empathie, das Zugeben von Fehlern und ein kooperativer Ansatz bei der Lösungsfindung kaum präsent. Viele Führungskräfte haben in der Vergangenheit sogar die Erfahrung gemacht, dass diese Eigenschaften und Verhaltensweisen karriereschädlich sein können.

Nach Absolvierung eines reduzierten Führungskräftetrainings (3 x 2 Tage mit einem Monat Abstand) waren diese Widerstände meist abgebaut. Der Praxiseinsatz führte dazu, dass wiederum die nächste Hierarchieebene zu den Trainings ermuntert wurde und so weiter – die Angst erwies sich also als unbegründet.

Gerade Führungskräfte berichteten nach erfolgreicher Anwendung von Wertschätzender Kommunikation über bessere Ergebnisse ihres Verantwortungsbereiches, ein harmonisch-produktives Miteinander und eine deutlich reduzierte Stressbelastung.

Die Ergebnisse

Zur besseren Nachvollziehbarkeit der Schulungsergebnisse haben wir einen Fragebogen entworfen, der von knapp 240 Teilnehmern jeweils in Modul I und Modul 4 ausgefüllt wurde. Ein eindeutiges Ergebnis war, dass die Schulung die Kommunikationsfähigkeiten der Mitarbeiter signifikant verbessert hat. Die Teilnehmer berichteten, dass sie nun besser in der Lage seien, zuzuhören und empathisch auf ihre Kollegen und Kunden einzugehen. Diese Fähigkeiten führten zu effizienteren Konfliktlösungen und verbesserten zwischenmenschlichen Beziehungen im Arbeitsumfeld.

Besonders Gespräche mit als »schwierig« wahrgenommenen Kunden oder Kollegen, die vorher alles an persönlichem Einsatz abverlangten und kräftezehrend waren, werden jetzt als willkommene Herausforderung betrachtet. Viele Teilnehmer haben uns berichtet, dass sie schwierige Situationen in Gesprächen früher oft persönlich genommen haben und sich in Rechtfertigungen oder sachliche Erklärungen flüchteten, was die Eskalation eher verstärkte. Da sie mit Wertschätzender Kommunikation eine echte, zwischenmenschliche Verbindung zu ihrem Gegenüber herstellen, können sie diese Gespräche jetzt aktiv gestalten und Konflikte auf einfache Art lösen – was nicht heißt, auf alle Forderungen einzugehen.

Eine weitere positive Veränderung ließ sich in der Führungskultur feststellen. Führungskräfte, die unsere Ausbildung durchlaufen hatten, zeigten eine erhöhte Bereitschaft zu authentischer Kommunikation. Mitarbeiter fühlten sich weniger belastet und es fiel ihnen leichter, offen ihre Anliegen zu kommunizieren. So entstanden schnell Vertrauensverhältnisse, auf deren Basis deutlich bessere Arbeitsergebnisse erzielt wurden. Auch die Führungskräfte beschreiben die kollaborative Problemlösungsmentalität in Feedback-Gesprächen durchweg als sehr angenehm. Sie bemerken vor allem eine deutliche Reduzierung ihres Stresslevels und erleben ihre Mitarbeiter als loyaler, offener und produktiver.

Die Evaluation identifizierte aber auch eine anfängliche Skepsis gegenüber der GFK. Hauptsächlicher Kritikpunkt war der hohe Zeitaufwand für die Ausbildung. Um diesen Einwänden zu begegnen, haben wir die Trainingsmodule gezielt so gestaltet, dass sie die Alltagstauglichkeit und Effizienz der Wertschätzenden Kommunikation erhöhen. Ergebnisse sind also sehr schnell und bereits während der Ausbildung spürbar. So haben wir häufig erlebt, dass nach anfänglichen Widerständen die Stimmung schnell ins Positive umschlägt: Die Mitarbeiter wünschen sich eine möglichst schnelle Fortsetzung der Ausbildung und versuchen aktiv, weitere Kollegen und vor allem Führungskräfte für das Projekt zu gewinnen – einfach deshalb, weil sie die Auswirkungen in ihrem Alltag als äußerst positiv erleben.

Die Teilnehmenden gaben an, dass sie nach der Schulung beruflichen Konflikten weniger oft aus dem Weg gehen und eher bereit sind, sich anderen gegenüber aufrichtig auszudrücken. Auch die Tatsache, dass sie nach dem Seminar andere Menschen weniger stark bewerten, hilft dabei, auf Augenhöhe und respektvoll miteinander zu kommunizieren. Mit dem besseren Erkennen der Bedürfnisse anderer Menschen steigt die Fähigkeit zur Empathie. Ebenso fällt es den Befragten nach dem Seminar leichter, eigene Bedürfnisse zu erkennen.

Unser Konzept trägt also eindeutig dazu bei, Konflikte frühzeitig anzusprechen und das Eskalationspotential zu senken, getreu dem Motto: Es ist immer besser *miteinander* zu reden als *übereinander*. Mitarbeiter lernen, dass sie schwierige Situationen ohne Einbeziehung der Führungskraft lösen können und erleben so ihre

Selbstwirksamkeit neu. Führungskräfte werden deutlich entlastet und können sich auf die wesentlichen Aspekte ihrer Arbeit fokussieren (▸ Dar. 2).

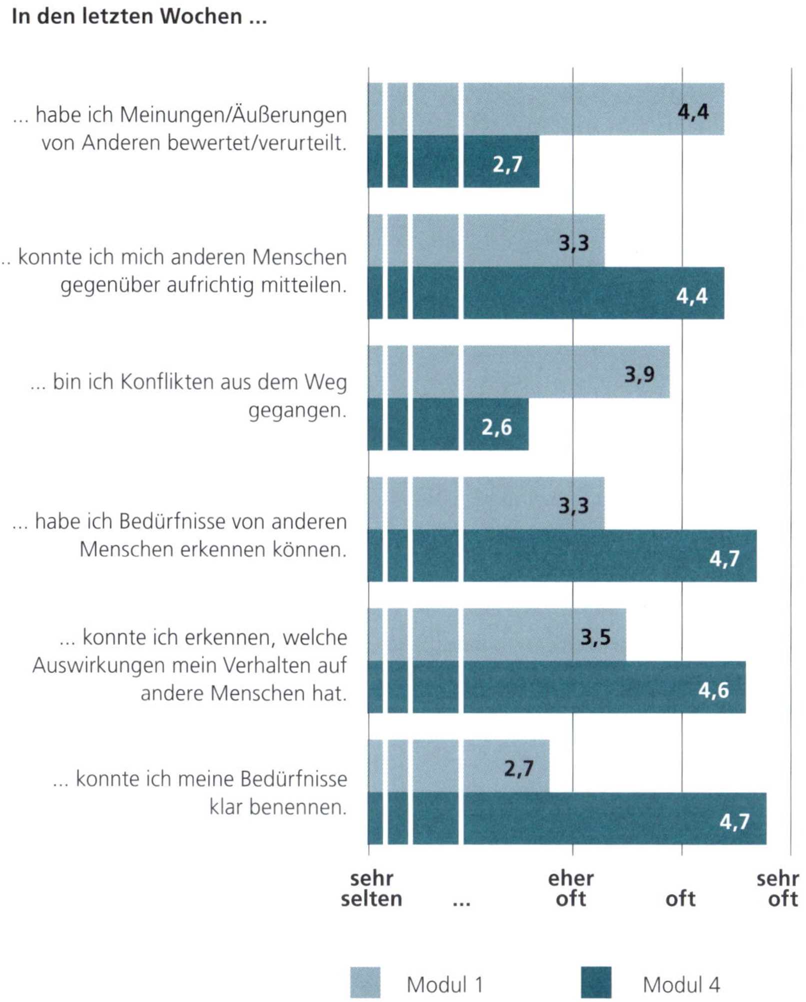

Dar. 2: Ergebnisse der Evaluation des Trainings

Die Auswertung zeigt klar, dass eine gezielte Schulung und die konsequente Anwendung der Wertschätzenden Kommunikation zu signifikanten Verbesserungen in der Kommunikations- und Führungskultur eines Unternehmens führen.

Teilnehmerstimme Führungskraft
Ich merke, dass mein Team heute ganz anders miteinander umgeht. Früher musste ich ständig eingreifen, wenn es irgendwo geknirscht hat – heute lösen sie vieles direkt selbst. Die Stimmung ist besser, die Gespräche laufen klarer und wertschätzender. Ich kann mich wieder mehr auf meine eigentlichen Aufgaben konzentrieren, weil ich weiß: Die Mannschaft funktioniert.

Teilnehmerstimme Mitarbeiter
Ich habe gelernt, Gespräche anders zu führen. Früher hatte ich oft Angst vor schwierigen Situationen, heute sehe ich sie als Chance, etwas zu verändern. Ich weiß jetzt, wie ich meine Anliegen klar ansprechen kann, ohne Konflikte anzuheizen. Das macht meinen Alltag viel entspannter – ich brauche viel weniger Energie, um Stress zu verarbeiten, und ich habe wieder richtig Spaß an meiner Arbeit.

Teilnehmerstimme Kunde
Ich habe sofort gemerkt, dass sich etwas verändert hat. Die Gespräche fühlen sich ehrlicher und gleichzeitig entspannter an. Selbst wenn ich mal etwas nicht bekomme, was ich mir gewünscht habe, fühle ich mich verstanden. Es geht nicht mehr nur ums Verkaufen, sondern darum, gemeinsam eine Lösung zu finden. Ich vertraue den Menschen hier mehr als je zuvor.

Conny – mein Weg zur Gewaltfreien Kommunikation – Regionalcenterleiterin

Ich hatte das große Glück, als Projektleiterin das Unternehmensprojekt »Empathie und Nähe im Kundenkontakt« in der AOK PLUS betreuen zu dürfen. In diesem Rahmen habe ich die Ausbildung zur Empathieberaterin und auch das Training für Führungskräfte besucht. Für mich war es die wohl wertvollste Ausbildung, die ich im Rahmen meines 25jährigen Berufslebens erleben durfte. Ich betrachte es als riesiges Geschenk, das mich persönlich, beruflich und auch privat wirklich weitergebracht hat.

Ich habe mich schon einige Jahre vor der Weiterbildung intensiv außerhalb der AOK mit dem Thema Persönlichkeitsentwicklung beschäftigt und war daher umso mehr gespannt auf die Ausbildung zum Empathieberater. Als Grundvoraussetzung braucht man tatsächlich nicht viel – lediglich Neugier, Offenheit und ein echtes Interesse an der Unternehmensentwicklung. Auch ich hielt mich vor der Ausbildung bereits für einen empathischen Menschen. Während der 12 Trainingstage habe ich aber verstanden, dass es um etwas ganz anderes geht – nämlich die innere Haltung. GFK führt Menschen aus ihrer Komfortzone und ermöglicht so echte, tiefgreifende Veränderungen hin zu einem positiven Betriebsklima.

Dabei darf man die Weiterbildung zum Empathieberater nicht als klassische Ausbildung verstehen, in der ein Skillset vermittelt wird, dass man später einfach anwendet. Bei der GFK geht es um die Lebensentscheidung, bewusst mit mir und meinem Gegenüber umzugehen. Das Ziel dabei ist es, die Bedürfnisse hinter dem eigenen Handeln genauso zu verstehen, wie die der anderen – wobei »Verstehen« nicht bedeutet, mit allem einverstanden zu sein.

Als Führungskraft gelingt es mir jetzt viel besser, individuell auf mein Gegenüber einzugehen und authentisch mit meinen Mitarbeitern zu kommunizieren. Heute achte ich sehr bewusst auf meine Sprache, da mir klar geworden ist, welche enorme Wirkung Worte und Kommunikation haben können.

Gleichzeitig habe ich mich intensiv mit meinen eigenen Bedürfnissen auseinandergesetzt und Strategien entwickelt, um diese zu erfüllen. Dieser Prozess hat mich näher zu meinem wahren Selbst gebracht. Zudem habe ich aufgehört, mich ständig zu bewerten und zu beurteilen, was enormen Druck von mir genommen hat. Dinge, die vorher schwer und kompliziert wirkten, sind plötzlich ganz leicht geworden – und zwar bei deutlich verbesserter Performance!

Durch diese neue Selbstwahrnehmung kann ich nun auch anderen Menschen unvoreingenommen und neugierig begegnen. Ich war schon immer in der Lage, Stimmungen, Dynamiken und Energien im Team zu erkennen. Früher fiel es mir jedoch schwer, damit umzugehen und offen zu sagen, was ich dabei fühle. Seit der Weiterbildung gelingt es mir, klar und authentisch zu kommunizieren, was ich wahrnehme und wie es auf mich wirkt.

Diese Veränderung wird von meinem gesamten Umfeld als große Bereicherung wahrgenommen. Sie bildet die Grundlage für eine neue, hierarchiefreie Zusammenarbeit auf Augenhöhe – eine Führungskultur, die ich als achtsam und menschlich bezeichne. Als Führungskraft authentisch und menschlich aufzutreten, ist für mich ein wertvoller Schritt zu einem echten, achtsamen Führungsverständnis.

Ich habe mich immer als weltoffen und tolerant betrachtet. Durch die Ausbildung habe ich jedoch gelernt, dass auch ich oft in Kategorien und Schubladen denke. Das passiert nicht in böser Absicht, sondern es ist ein erlerntes Instrument, das mir Sicherheit in neuen und ungewohnten Situationen gibt. Das Wunderbare daran ist, dass mir durch Selbstempathie diese Denkmuster bewusstwurden. So lernte ich, Menschen ganz neu einzuordnen und durfte schon viele wertvolle Begegnungen und bereichernde Gespräche führen.

Für mich ist dies der größte Gewinn: Ich habe gelernt, dass mich oft mehr mit den Menschen verbindet, als ich dachte – gerade bei Personen, die mich aus irgendwelchen Gründen zunächst triggern.

Ich hoffe, dass noch viele Menschen die Gelegenheit haben werden, die GFK kennenzulernen, da sie ein ganz neues Miteinander ermöglichen können.

7
Gewaltfreie Kommunikation im Unternehmenskontext etablieren

> » Die meisten von uns sind mit einer Sprache aufgewachsen, die uns ermutigt, zu benennen, zu vergleichen, zu fordern und Urteile zu fällen, anstatt uns bewusst zu sein, was wir fühlen und brauchen. – Marshall Rosenberg

Gewaltfreie Kommunikation (GFK) bleibt solange nebulös, bis man selbst die Veränderungen in der eigenen Haltung – und vor allem die Auswirkungen – am eigenen Leib erfährt. Genau darauf zielen wir mit unserem umfangreichen Training ab, denn es braucht Zeit, um sich dem Thema zuzuwenden.

Sie können es vergleichen mit einem der interkulturellen Trainings, die Mitarbeiter in großen Firmen regelmäßig absolvieren: In einem oder zwei Tagen können sie eine Menge über Japan, die USA oder ein beliebiges anderes Land lernen – verstehen werden sie die kulturellen Feinheiten aber nur, wenn sie diese eine Zeitlang selbst erlebt haben.

Was die GFK betrifft, so basiert sie auf Empathie – und die beginnt bei einem selbst. Manche Menschen sind offener als andere und haben entsprechend geringere Hürden. Uns allen gemeinsam ist, dass wir gerade im Berufsalltag theoretisch viel Wert auf Sachlichkeit legen, die Praxis aber häufig ganz anders aussieht. Sich rein sachlich austauschen zu wollen ist eine Illusion, denn Sie haben immer ihre Gefühle und Bedürfnisse mit im Gepäck – und Ihr Gesprächspartner auch!

Dabei kommt es oft zu sogenannten Kommunikationssperren (nach Thomas Gordon) – es werden also Formulierungen genutzt, die eine im Sinne der Empathie wirkungsvolle Kommunikation verhindern. Dabei handelt es sich zum Beispiel um Urteile, Vergleiche, Interpretationen, Belehrungen. Aber auch verhörartige Gespräche oder ungebetene Vorschläge führen zu Blockaden oder Verteidigungsreaktionen beim Gegenüber und verhindern meist, dass eine sinnvolle Auseinandersetzung in der Sache überhaupt zustande kommt.

Mit Hilfe der GFK fokussieren wir uns auf eine wertschätzende Verbindung zwischen zwei Menschen. Das beginnt mit der inneren Haltung und dem Verständnis für die eigenen Bedürfnisse. Erst dann kann dem Gegenüber mit derselben offenen Haltung begegnet werden. Dabei geht es darum, die Bedürfnisse des anderen Menschen zu verstehen. Es ist eine grundlegende Erkenntnis der GFK, dass so gut wie jeder Mensch in guter Absicht handelt – auch oder gerade, wenn man selbst das Gegenteil empfindet. Die gute Nachricht: Verstehen heißt nicht einverstanden sein! Das Missverständnis beruht meist lediglich auf einer unterschiedlichen Interpretation dessen, was die richtige Handlung ist.

Wenn Menschen das so lesen oder hören, folgt hier zunächst häufig eine Abwehrhaltung. Das ist kaum verwunderlich, denn selbst im privaten Bereich sprechen viele Menschen selten über Gefühle und Bedürfnisse. Auch das sind Aspekte, die in unseren Trainings viel Raum einnehmen: Das Verständnis für die guten Absichten des anderen und die Überwindung, selbst nicht mehr in Schubladen zu denken. Wir alle kennen das Problem: Haben wir uns erst einmal eine Meinung zu einem Menschen gebildet, werden wir versuchen, diese immer weiter zu bestätigen und jede Handlung entsprechend zu interpretieren. Wenn es aber gelingt, den anderen als Mensch mit seinen Gefühlen und Bedürfnissen zu verstehen und gleichzeitig die eigenen Vorstellungen (Bitten) klar zu kommunizieren, dann entsteht echte Verbindung.

Im beruflichen Alltag haben manche Menschen die Erfahrung gemacht, dass ein offener Umgang mit den eigenen Gefühlen eher von Nachteil sein kann. Bei Wertschätzender Kommunikation geht es nicht darum, sich gefühlsduselig gegenseitig alles recht zu machen. Um es klar zu sagen: Sie können jemanden auch empathisch feuern. Das Ziel ist, dass es dazu gar nicht erst kommt und Gespräche im Vorfeld zu einer einvernehmlichen Lösung führen.

Unsere Trainings beginnen damit, die Grundsätze der GFK zu erklären. Wir beginnen dabei immer bei den Teilnehmenden selbst: Der Kontakt zu den eigenen Gefühlen und Bedürfnissen ist essenziell, um mit anderen Menschen empathisch zu kommunizieren. Denn am Ende ist ein Job immer mehr als der Tausch von Lebenszeit gegen Geld. Jeder Mensch hat Ziele, und die beschränken sich nicht nur auf das Private. Die meisten von uns tragen den Wunsch in sich, Teil von etwas Größerem und Sinnstiftendem zu sein.

Getreu dem Motto »Love it, Change it or Leave it« geht es darum, einen dieser drei Wege für sich zu finden und konsequent zu beschreiten. GFK führt Menschen dabei in die Eigenverantwortung. Die eigenen Bedürfnisse und Ziele zu verstehen und zu akzeptieren kann ein schwieriger und auch herausfordernder Prozess sein, der Zeit benötigt. Wenn Ihnen das jetzt etwas zu abstrakt vorkommt, dann stellen Sie sich beispielhaft folgende Situation vor:

Anwendungsbeispiel

Eine Mitarbeiterin in der Personalabteilung fällt Ihnen und auch anderen Kollegen auf. Beschwerden werden an Sie als Führungskraft herangetragen und erstrecken sich von »schlechter Laune« über Unfreundlichkeit bis hin zu Inkompetenz oder sogar Leistungsverweigerung.

Wie würden Sie ein Gespräch mit dieser Mitarbeiterin angehen? Wenn Sie einen Menschen mit diesen Vorwürfen konfrontieren, wird er – egal wie gut verpackt sie auch sein mögen – mit Ablehnung reagieren und sich automatisch in eine Verteidigungsposition gedrängt sehen.

Zunächst aber sollten Sie sich nach der Logik der GFK mit Ihren eigenen Bedürfnissen auseinandersetzen. Diese können zum Beispiel sein: Fairness, ein leistungsfähiges Team, gute Stimmung im Unternehmen, weniger Stress durch die häufigen Beschwerden und natürlich auch das Wohlergehen der betroffenen Mitarbeiterin. Das alles sind Bedürfnisse, die Sie nun einmal haben – ob Sie wollen oder nicht. Wenn Sie sich darüber im Klaren sind und zusätzlich akzeptieren, dass Sie nicht für alles direkt eine Lösung liefern können – und auch nicht müssen – dann können Sie in das Gespräch starten.

Dabei gilt: Gegen **sachliche Feststellungen** lässt sich erstmal nichts einwenden. Statt also zu sagen: »Ihre Leistung ist unterdurchschnittlich«. könnten Sie etwas sagen wie »Es ist mir aufgefallen, dass Sie im Durchschnitt 20 % weniger Vorgänge bearbeiten als Ihre Kollegen.«

Im nächsten Schritt sollte jetzt das **eigene Gefühl** angesprochen werden: »Ich bin da jetzt irritiert und besorgt.«

Dann folgt die **Artikulation des Bedürfnisses** (in dem sowohl betriebliche als auch führungsbezogene Vorgaben formuliert werden), zum Beispiel: »Mir persönlich ist es wichtig, dass in der Abteilung die Arbeit gleich verteilt ist.«

Und zum Schluss die **Bitte**: »Können wir jetzt darüber reden, was Sie brauchen, um Ihren Beitrag in der Abteilung zu leisten. Passt das?«

Es geht also nicht darum, der Mitarbeiterin **Vorschläge** zu machen, sie unter Druck zu setzen oder zu »motivieren«. Es geht darum, ihr auf Augenhöhe und ehrlich interessiert zu begegnen. Am Ende steht die konstruktive Bitte nach einer gemeinsamen Lösungsfindung. Das lässt sich nicht mit einer Schablone oder mit Phrasen abhandeln. Es funktioniert nur mit ehrlichem, aufrichtigem Interesse. Dabei sollten auch Sie offen ihre Gefühle und Bedürfnisse formulieren.

Statt also die Mitarbeiterin in eine Ecke zu drängen, in der sie sich verteidigen muss, eröffnen Sie ihr so die Möglichkeit, sich frei und vertrauensvoll zu äußern. Ein Ergebnis des Gesprächs könnte zum Beispiel folgende neue Information sein, dass sie vor ein paar Jahren in einer Vertriebsposition anfangen wollte, dann vertretungsweise in der Personalabteilung eingesetzt wurde und seitdem geblieben ist. Sie ist unzufrieden und fühlt sich unterfordert, weil sie ihre Talente nicht richtig einsetzen kann. Darunter leidet ihre Motivation und somit auch die Arbeitsleistung. Es ist also nicht Faulheit, sondern tatsächlich eine gute Absicht: Die Mitarbeiterin ist der Ansicht, dass sie Ihre Fähigkeiten in einem anderen Bereich gewinnbringender für das Unternehmen einsetzen kann.

Basierend auf den Wünschen der Mitarbeiterin und Bedürfnissen der Führungskraft können sie so **gemeinsam eine Lösung entwickeln**. Möglicherweise haben Sie nach wenigen Monaten eine hochmotivierte, fähige und beliebte Kollegin im Vertrieb dazu gewonnen und konnten die Stelle in der Personalabteilung mit jemand anderem besetzen.
Die Bedürfnisse aller Beteiligten wurden erfüllt und auch das Unternehmen profitiert durch zusätzliches Umsatzwachstum.

Das ist nur ein Beispiel von gelungener GFK im Praxiseinsatz. Der Punkt ist, dass es dafür Mut braucht, Verständnis für sich selbst und sein Gegenüber, und auch das Vertrauen in die Methode – und das entsteht eben nicht über Nacht, sondern in einem persönlichen Entwicklungsprozess.

Deshalb braucht unser Trainingskonzept Zeit und viele Möglichkeiten zur Bearbeitung von Praxisbeispielen und zur Reflektion.

Die vier Schritte der Gewaltfreien Kommunikation

Der Kern der GFK besteht aus vier grundlegenden Komponenten: Beobachtung, Gefühl, Bedürfnis und Bitte:

- Die Bewertung weicht der BEOBACHTUNG.
- Gedanken treten vor GEFÜHLEN in den Hintergrund.
- Strategieentwicklung macht BEDÜRFNISSEN Platz.
- Statt Forderungen formuliert man BITTEN.

Dar. 3: Die vier Schritte der Gewaltfreien Kommunikation

Der erste Schritt der GFK ist die Beobachtung. Hierbei geht es darum, Fakten und konkrete Handlungen zu beschreiben, ohne diese zu bewerten oder zu interpretieren. Entsprechend wichtig ist es auch, die Beobachtung in diesem Sinne zu formulieren. Sie bildet damit die Basis der Kommunikation, ohne dass Vorwürfe oder Angriffe das Gegenüber automatisch in eine Verteidigungsposition drängen.

Im zweiten Schritt wird der Fokus auf Gefühle gelegt. Es ist wichtig, Gefühle ehrlich und direkt auszudrücken. Dies geschieht ohne Schuldzuweisungen oder Vorwürfe gegenüber anderen. Gefühle klar und eindeutig zu benennen, ermöglicht es, die emotionale Ebene der Kommunikation zu klären und schafft Raum für Empathie.

Zudem sind die Gefühle der Schlüssel zu den Bedürfnissen und sollten ernst genommen werden – sowohl bei sich selbst als auch bei den anderen. Beim Ausdruck von Gefühlen unterscheiden wir noch zwischen echten und Pseudo-Gefühlen. Die Äußerung »Ich bin traurig« drückt zum Beispiel ein echtes Gefühl aus, eine Aussage wie »Ich fühle mich ungerecht behandelt« hingegen ein Pseudo-

Gefühl – denn sie bedeutet letztlich nichts anders als »Du behandelst mich ungerecht«. In der GFK ist deshalb das Ziel, die klassische Täter-Opfer-Struktur zu durchbrechen. Das gilt ebenso für positive Pseudo-Gefühle, wie zum Beispiel »Ich fühle mich von Ihnen immer sehr wertgeschätzt.« Auch hier entsteht ein Machtgefälle, das eine Kommunikation auf Augenhöhe verhindert.

Der dritte Schritt besteht darin, die zugrunde liegenden Bedürfnisse zu identifizieren, die diese Gefühle auslösen. Bedürfnisse sind universelle menschliche Aspekte, die hinter unseren Emotionen stehen. Sie zu erkennen und zu benennen, ist entscheidend, um die eigentlichen Ursachen für unsere Gefühle und Handlungen zu verstehen.

Eine Bitte steht am Ende der vier Schritte und ist deshalb so wirkungsvoll, weil sie im Gegensatz zu einer Forderung keinen Widerstand hervorruft und die andere Person mit ins Boot holt. Eine Bitte zeichnet sich dadurch aus, dass ich auch ein »Nein« akzeptieren kann – denn ein *Nein* ist ein *Ja* zu den Bedürfnissen des anderen. Das ist keine Einbahnstraße: Wenn ich *Nein* zu der Bitte eines anderen sage, sage ich damit *Ja* zu meinen Bedürfnissen.

Bitten

> Wenn wir die Bedürfnisse verstehen, die unser eigenes und das Verhalten anderer motivieren, haben wir keine Feinde. – Marshall B. Rosenberg

Wie viele Formulierungen im GFK-Kontext ist auch die der Bitte besonders am Anfang häufig mit Widerstand verbunden. Gerade im Verhältnis von Vorgesetzten und Mitarbeitern kommt hier die Frage auf: Warum sollte man um etwas bitten, wenn man Anweisungen geben kann?

Aber darum geht es nicht, sondern einfach nur um den ehrlichen Ausdruck unserer Bedürfnisse. Fehlt die Bitte, überlassen wir es dem Gegenüber, unser Anliegen herauszufinden. Gerade eine Bitte soll klar und deutlich formuliert sein. Wir unterscheiden drei Arten von Bitten:

- **Lösungsbitte**: Hier wird klar und deutlich formuliert, was ich mir von meinem Gegenüber wünsche. Sie sollte im Hier und Jetzt erfüllbar sein.
- **Beziehungsbitte**: Ich möchte wissen, wie es meinem Gegenüber mit meiner Aussage geht, also seine Gefühle verstehen.
- **Klärungsbitte**: Dient zur Abklärung des Verständnisses bei meinem Gegenüber. Ich möchte wissen, ob meine Gefühle und Bedürfnisse angekommen sind.

Das Hauptziel der GFK ist es, durch diesen strukturierten Ansatz eine empathische Verbindung zwischen den Gesprächspartnern zu fördern. Indem man sich auf Beobachtungen, Gefühle, Bedürfnisse und Bitten konzentriert, wird die Kommunikation klar und respektvoll. Dies reduziert Missverständnisse und erleichtert die Lösung von Konflikten auf eine Weise, die für alle Beteiligten befriedigend ist.

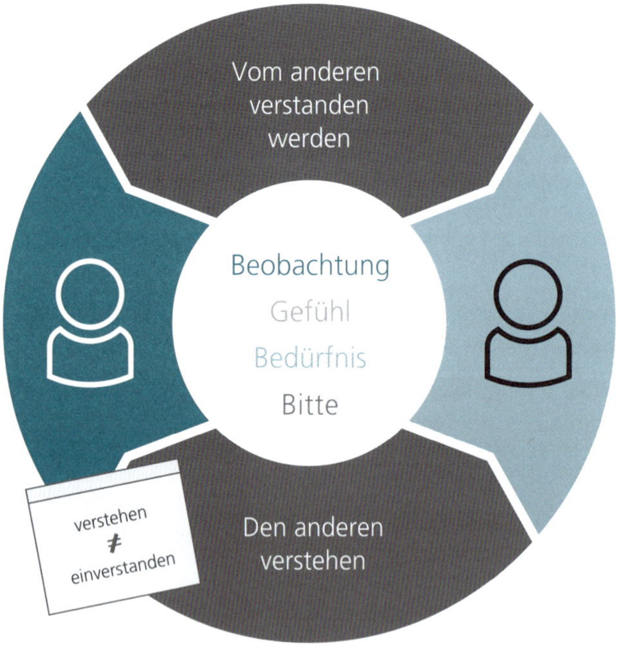

Dar. 4: Grundlegende Zusammenhänge wertschätzender Kommunikation

Gefühle

… wenn ein/mehrere Bedürfnisse erfüllt sind

abenteuerlustig aufgeregt aufmerksam ausgeglichen beeindruckt befreit bewegt begeistert belebt beruhigt berührt dankbar enthusiastisch entlastet entschlossen entspannt erfreut erfüllt erstaunt inspiriert ergriffen erleichtert freudig friedlich froh überschwänglich frei überwältigt fröhlich gefasst gelassen gerührt gesund glücklich gutgelaunt heiter hellwach hocherfreut hoffnungsvoll sorglos interessiert klar kraftvoll kribbelig lebendig leicht locker motiviert munter mutig neugierig optimistisch ruhig satt schwungvoll selbstsicher sicher stark stolz überglücklich überrascht unbeschwert unternehmungslustig vergnügt voller Freude voller Kraft voller Lebenslust wach wissbegierig zufrieden zuversichtlich

… wenn ein/mehrere Bedürfnisse nicht erfüllt sind

abwesend ängstlich ärgerlich alarmiert angespannt angeekelt bedrückt bestürzt besorgt betrübt beunruhigt blockiert desinteressiert deprimiert durcheinander entsetzt enttäuscht ernüchtert erschöpft erschreckt erschüttert erstaunt unglücklich frustriert furchtsam gelangweilt gehemmt genervt gleichgültig hilflos hin- & hergerissen schläfrig hungrig irritiert konfus kraftlos matt misstrauisch müde mutlos nervös niedergeschlagen pessimistisch ratlos resigniert sauer wütend schlapp schockiert sorgenvoll sprachlos traurig überlastet ungeduldig unruhig unsicher unzufrieden verletzt verwirrt verwundert verzweifelt zögerlich zornig

Dar. 5: Gefühlsausprägungen bei Erfüllung oder Nichterfüllung von Bedürfnissen

Bedürfnisse

Freiheit Autonomie Selbstbestimmung Freiwilligkeit
Lebenserhaltung Luft **Wasser** Bewegung **Nahrung**
Schlaf Unterkunft Wärme Gesundheit **Identität** Bedeutung
Übereinstimmung mit eigenen Werten Authentizität
Ästhetik (innerer) Frieden Individualität **Spiritualität**
Integrität/Stimmigkeit mit sich selbst **Sinn** Selbstverwirklichung
Sicherheit Schutz Übersicht Klarheit **Orientierung** Verbindlichkeit
Privatsphäre **Eindeutigkeit (Kongruenz)** Abgrenzung Distanz
Struktur Ordnung Beständigkeit **Empathie** Einfühlung
Gleichbehandlung Gleichwertigkeit Gerechtigkeit Mitgefühl
Verständnis (verstanden werden) Gehört werden **Gesehen werden**
Verbindung Wertschätzung Unterstützung Ehrlichkeit Respekt
Gemeinschaft **Anerkennung** Kontakt Akzeptanz
Austausch Offenheit Vertrauen Aufrichtigkeit Einklang Toleranz
Vertraulichkeit Wahrgenommen werden **Freundschaft**
Balance von Geben und Nehmen **Balance von Sprechen und Hören**
Zugehörigkeit Aufmerksamkeit Achtsamkeit Zusammenarbeit
Liebe Nähe Intimität Geborgenheit **Erholung** Entspannung
Ausruhen Spiel **Leichtigkeit** Freude Humor Entlastung
Ruhe Muße Glück Vergnügen **Harmonie Entwicklung**
Inspiration Beitrag **Engagement** Wirksamkeit Träumen
Lernen **Wachstum** Kreativität Feedback geben Bildung
Rückmeldung erhalten **Erfolg im Sinne von Gelingen**
Effektivität Abwechslung **Verantwortung** Trauern
Balance von Arbeit und Freizeit

Dar. 6: Was verbirgt sich hinter Bedürfnissen

Bedürfnisse sind etwas, das uns alle verbindet. Alles, was wir als Menschen tun, dient dazu, unsere Bedürfnisse zu erfüllen.

Widerstände in Unternehmen gegenüber der Wertschätzenden Kommunikation entstehen oft aus der Annahme, dass einfühlsames Zuhören und Verstehen zeitaufwändig und ineffizient seien. Diese Bedenken sind jedoch unbegründet: Sobald die Prinzipien der Empathie verinnerlicht sind, können sie schnell und effektiv angewendet werden. Damit verbessert sich die Kommunikationsgeschwindigkeit, die Qualität der Zusammenarbeit und das Vertrauen innerhalb des Teams. Die Anwendung von GFK führt also langfristig zu effizienteren Prozessen und besseren Ergebnissen.

Dar. 7: Formulierungshilfen für die vier Schritte der Gewaltfreien Kommunikation

	Aufrichtiger Selbstausdruck – Ich bin mir.	Empathie – Ich bin bei Dir.
Beobachtung statt Bewertung	Wenn ich höre/ sehe/ beobachte …	Wenn Du hörst/ siehst/ beobachtest …
Echte Gefühle statt Gedanken/ Schuldzuweisungen/ Interpretationen	bin ich …	bist Du ...
Bedürfnisse statt Strategien	weil mir … wichtig ist. weil ich … brauche.	weil Dir … wichtig ist? weil Du … brauchst?
Bitten statt Forderungen	Wie ist das für Dich? Kannst Du bitte … okay? Passt es für Dich, wenn …	Hättest Du gerne …? Wünschst Du Dir …?

Die Tabelle in Darstellung 7 zeigt, wie sich die vier Schritte alltagstauglich formulieren lassen. Es geht bei der Wertschätzenden Kommunikation nicht darum viel zu sagen, sondern klar und aufrichtig zu kommunizieren. Im Selbstausdruck formuliere ich, wie es mir in einer bestimmten Situation geht, so spricht eine Mitarbeiterin (ohne GFK-Kenntnisse) mit Ihrer Führungskraft (mit GFK-Kenntnissen) über die Verteilung der Dienstzeiten im letzten Monat:

- **Mitarbeiterin:** »Ständig bin ich die Einzige, die die späten Schichten übernimmt – ich fühle mich wirklich ausgenutzt! Es sind immer die gleichen, die sich drücken. Was ist das denn für ein Miteinander hier?«
- **Führungskraft:** »Die Verteilung der späten Schichten frustriert und ärgert Sie? Sie wünschen sich eine faire und gleichmäßige Verteilung der Aufgaben und gleichzeitig ein Miteinander auf Augenhöhe? Gerne können wir das konkret im nächsten Meeting besprechen – ich bringe das Thema ein. Passt das so für Sie?«

8
Gewaltfreie Kommunikation in Ihrem Unternehmen – was Sie beachten sollten

» Wenn jemand darauf vertrauen kann, dass er oder sie in einem Konflikt gehört und ernst genommen wird, dann stehen die Chancen gut, dass er oder sie bereit ist, sich ebenfalls partnerschaftlich zu verhalten. – Marshall B. Rosenberg

Wir sind uns sicher, dass GFK auch in Ihrem Unternehmen viele positive Veränderungen bewirken wird. Als ersten Schritt möchten wir Ihnen deshalb einige Tipps für eine erfolgreiche Implementierung an die Hand geben.

Ziele

Definieren Sie von Anfang an klare Ziele und messen Sie deren Fortschritt. Verankern Sie die Ziele auch in Ihrer langfristigen Strategie und kommunizieren Sie unmissverständlich die Erwartungshaltung im Hinblick auf die Zielerreichung.

Wertschätzende Kommunikation wirkt nicht nur im Kundenkontakt, sondern ist auch in der internen Kommunikation in allen Bereichen ein wertvolles Werkzeug für einen Wandel der Unternehmenskultur. Mögliche Messgrößen sind zum Beispiel Net Promoter Score, Krankenstand, Personalfluktuation, Mitarbeiter- und Kundenzufriedenheit oder die Innovationsrate.

Im AOK PLUS-Projekt haben wir gemeinsam mit dem Projektteam und dem Vorstand zu Beginn des Projektes in einem Video kompakt alle Informationen zusammengefasst. Hierbei wurden auch häufige Fragen beantwortet und die Erwartung der Geschäftsleitung kommuniziert.

Messbarkeit

Auch Empathie gegenüber Kunden und Mitarbeitern ist messbar. Auf Kundenseite eignet sich der Net Promoter Score (NPS), ergänzt um gezielte Fragen zur emotionalen Erfahrung wie etwa:

- Nimmt das Unternehmen Ihre Anliegen ernst?
- War der Berater aufmerksam und hat Ihre Bedürfnisse verstanden?

Die Antworten auf einer Skala von »Stimme voll zu« bis »Stimme nicht zu« liefern belastbare Daten zur Qualität der menschlichen Interaktion. Pilotprojekte ermöglichen ein risikofreies Testen, ein späterer Rollout kann datenbasiert optimiert werden.

Auf Mitarbeiterseite lässt sich Empathiefähigkeit durch strukturierte Vorher-Nachher-Befragungen messen. Pilotgruppen helfen, Fortschritte bei Kommunikationsfähigkeit, Konfliktlösung und Teamarbeit früh sichtbar zu machen.

Die folgenden Methoden bieten weitere Möglichkeiten den Erfolg empathischer Kommunikation zu messen:

- **360-Grad-Feedback:** Einschätzungen von Kollegen, Vorgesetzten und Kunden zu Kommunikationsstil und Empathieverhalten.
- **Pulse Surveys:** Kurze, regelmäßige Stimmungsabfragen zur direkten Rückmeldung über Teamdynamik und Führungskommunikation.
- **Analyse von Konfliktdaten:** Reduktion von Beschwerden, Konflikten oder Eskalationen als indirekter Indikator.
- **Feedback aus Exit-Interviews:** Erkenntnisse von scheidenden Mitarbeitern über interne Kommunikationskultur.
- **Projektfeedbacks:** Beobachtungen aus Team- oder Projektarbeit, speziell zu Zusammenarbeit und Konfliktlösungsverhalten.

Sinnvoll investierte Zeit

Kulturwandel funktioniert nicht von heute auf morgen. Ein realistischer Zeitrahmen für die Umsetzung eines wirkungsvollen GFK-Projektes liegt zwischen mindestens einem und etwa drei Jahren – je nach Trainingsausgestaltung und Kapazität der Mitarbeiter im Tagesgeschäft. Das Projekt braucht Geduld und Ausdauer oder Beharrlichkeit und muss auch starken Belastungen, zum Beispiel durch plötzliche Marktveränderungen oder Strategiewechsel standhalten.

Es kann weiterhin hilfreich sein, nicht zu viele strategische Projekte gleichzeitig durchzuführen. In unserem Fall waren wir während der Laufzeit mit einem parallellaufenden Transformationsprojekt konfrontiert, das für Unsicherheit und Veränderungen im Unternehmen sorgte. Gleichzeitig bot sich dadurch auch die Chance, Empathie direkt im Praxiseinsatz zu demonstrieren und den Teilnehmenden eine Bühne für ihre Sorgen zu geben. Auch die einsetzende Covid-19-Pandemie hat natürlich unsere Arbeit stark beeinflusst.

Investition in Nachhaltigkeit

Stellen Sie sich ein Kundengespräch vor, in dem eine Gesundheitsleistung nach den gesetzlichen Kriterien abgelehnt werden muss, und der Kunde am Ende trotzdem zufrieden und guter Stimmung die Filiale verlässt – einfach, weil er mit seinen Sorgen und Nöten auf menschlicher Ebene verstanden wurde: Wie wirkt sich so eine Erfahrung auf die Bindung auf Empfehlungen und die Zufriedenheit aus?

Setzen Sie die Investition für das Projekt also immer in Relation zu den definierten Zielen und Kennzahlen, um die positiven Auswirkungen auch monetär darlegen zu können. Dabei sollte jedoch beachtet werden, dass zu hoher Druck in einer frühen Projektphase kontraproduktiv ist. Hier ist es besser, dem Prozess zu vertrauen und die Kennzahlen im Hintergrund zu dokumentieren. Der Erfolg stellt sich im Laufe des Projektes ein und Sie haben jederzeit starke Argumente für eine Fortsetzung – auch bei dynamischer Unternehmens- oder Marktentwicklung.

Pilotierung und Stakeholder Value

Für ein Projekt dieser Größenordnung brauchen Sie einflussreiche Stakeholder. Mindestens eine Person mit solidem Standing aus der Geschäftsleitung sollte die Schirmherrschaft übernehmen und sich regelmäßig über den Projektfortschritt informieren. Gute Erkenntnisse liefert ein Pilotprojekt, das zum Beispiel auf eine Abteilung begrenzt sein kann. Hier können Sie Erfahrungen und Argumente sammeln, um den Fokus anschließend auszuweiten.

Die wesentlichen Erkenntnisse aus dem Pilotprojekt waren im vorliegenden Fall, dass unser Konzept mit zwei Trainern auf jeden Fall beibehalten werden sollte. Eine konstante Bezugsperson über die gesamte Zeit gibt der Gruppe Stabilität, während ein wechselnder Modultrainer neue Impulse und Sichtweisen einbringt.

Eine weitere Erkenntnis war, dass es notwendig ist, auch die direkten Führungskräfte zu schulen. Ihr Verständnis für die Inhalte der Ausbildung zum Empathieberater ist die Basis für eine wirksame Unterstützung in der Umsetzung. So entstand auch das Konzept des Rollenworkshops, der nun fester Bestandteil der Ausbildung ist.

Verantwortung übernehmen und promoten

Sie benötigen mindestens eine Person, besser ein ganzes Team, das mit vollem Einsatz und aus Überzeugung Verantwortung für das Projekt übernimmt. Ideal für die Projektleitung sind Mitarbeiter, die im Unternehmen eine hohe Reputation genießen und bereichsübergreifend ausgezeichnet vernetzt sind. Auch eine hohe Offenheit für neue Methoden und bestenfalls erste Berührungspunkte mit GFK sind wichtig. Als Grundvoraussetzung sollten alle Personen in der Projektleitung die Schulung selbst durchlaufen haben – nur so können sie authentisch und intrinsisch motiviert das Projekt vorantreiben. Wichtig ist, das Projekt und den Fortschritt im gesamten Unternehmen sichtbar zu machen. Etwa im Intranet, durch Vorstellung bei Events und Tagungen, in Onlineimpulsen etc. Und genau das werden sie tun!

Führung transformieren

> Wir haben alle – ob von wohlmeinenden Eltern, Lehrern oder anderen Leuten – gründlich gelernt, unser menschliches Potential einzuschränken. Dieser zerstörerische kulturelle Lernprozess ist über Generationen weitergegeben worden und bestimmt unser Leben so selbstverständlich, dass wir uns dessen nicht mehr bewusst sind. – Marshall B. Rosenberg

Insbesondere die Führungskräfte aus dem klassischen mittleren Management sollten die Schulungen besuchen. Gerade sie beziehen häufig einen großen Teil ihrer Identität aus der Führungsrolle. Für sie ist GFK als Art der Kommunikation besonders herausfordernd. Sie sind oft in eine Firmenkultur eingebunden, die Empathie nicht fördert, sondern eher bestraft. In solchen Umgebungen bedeutet der Ansatz »Empathie statt Hierarchie« eine große Umstellung.

Viele fragen sich, warum sie sich auf einmal von einer menschlichen Seite zeigen oder ihre Mitarbeiter in den Lösungsprozess einbeziehen sollen. Viele Fragen tauchen auf:

- Was, wenn mein Gegenüber Gefühle zeigt, vielleicht sogar weint?
- Welche Gefühle kann und darf ich selbst zeigen, und auf welche Weise?
- Was bedeutet es für meine Position, wenn ich nicht mehr als Lösungsfinder wahrgenommen werde?
- Darf ich zugeben, dass ich selbst im Moment ratlos bin?

Interessanterweise empfinden Führungskräfte es als sehr positiv, wenn sie selbst in die Rolle des Mitarbeiters schlüpfen und GFK erleben. Genau diese Perspektivwechsel werden in den Gesprächstrainings intensiv geübt und vertieft und nehmen den Führungskräften die Bedenken.

Nach dem Training haben sich viele Führungskräfte selbst dafür stark gemacht, dass die Dauer des Trainings von ursprünglich vier auf sechs Tage verlängert wird. Diese intrinsische Motivation zeigt, dass sie den Nutzen der GFK erkannt und gespürt haben, wie wertvoll diese Ansätze für ihre Arbeit sind.

Die Rolle als Empathieberater

> Wenn wir uns darauf konzentrieren, zu klären, was beobachtet, gefühlt und gebraucht wird, anstatt zu diagnostizieren und zu urteilen, entdecken wir die Tiefe unseres eigenen Mitgefühls. – Marshall B. Rosenberg

Der Rollenworkshop als zentrales Element bei der Einführung von GFK hilft den Teilnehmern, ihre Rollen und Aufgaben besser zu verstehen. Er schafft Sicherheit darüber, was ihre Aufgaben sind – und was nicht.

Er ist eingebettet in das dritte Modul der Ausbildung zum Empathieberater und wird von Mitarbeitern des Unternehmens durchgeführt. Dabei definieren wir vier zentrale Bereiche, in denen die Seminarteilnehmer tätig werden: den Berater, den Empathen, den Motivator und den Multiplikator.

Berater

Als Berater konzentrieren sie sich darauf, praktische Lösungen und Ratschläge anzubieten. Sie helfen den ihren Kollegen die Prinzipien der Wertschätzenden Kommunikation in realen Situationen anzuwenden. Durch ihre Erfahrung und Expertise können sie konkrete Fragen beantworten und praktische Tipps geben. Diese Rolle ist entscheidend, um den Menschen das nötige Vertrauen und die Fähigkeiten zu vermitteln, die sie in ihrem beruflichen Alltag unterstützen, um empathische Gespräche zu führen.

Empath

Als Empath spielen die Empathieberater eine zentrale Rolle im Verstehen und Mitfühlen. In dieser Funktion lernen die Teilnehmer, sich auf die Gefühle und Bedürfnisse anderer Menschen einzulassen. Empathie ist die Grundlage der GFK und schafft tiefere Verbindungen zu anderen Menschen. In der Rolle des Empathen lernen die Teilnehmer, die Gefühle anderer zu sehen und wertzuschätzen, und gleichzeitig ihre eigenen Gefühle zu erkennen und auszudrücken. In ihren Teams leben Sie das vor und zeigen somit, wie sich die veränderte Gesprächshaltung und -führung auf die Beziehung zu den Kunden und den Kollegen auswirkt.

Motivator

Die Rolle des Motivators besteht darin, Menschen zu inspirieren und zu ermutigen. Der Motivator unterstützt die Gruppe bzw. sein Team dabei, engagiert und positiv zu bleiben, auch wenn größere Herausforderungen bevorstehen. Durch positive Verstärkung und Anerkennung der Fortschritte hilft der Motivator, die Prinzipien der GFK aktiv zu praktizieren und in den Alltag zu integrieren.

Multiplikator

Diese Rolle ist wichtig, um die Prinzipien der GFK in der eigenen Organisation bekannt zu machen. Der Multiplikator hat die Aufgabe, das Gelernte an die Kollegen im Team weiterzugeben und in die Fläche zu tragen. In Abstimmung mit der Führungskraft entscheiden die jeweiligen Empathieberater in welcher Form dies geschehen kann.

Die Ausbildung bereitet die Teilnehmer auf verschiedene Aspekte der GFK vor. Dazu gehört das Verstehen und Anwenden der GFK-Prinzipien in unterschiedlichen Kommunikationssituationen, das Erkennen und Ausdrücken eigener Gefühle und Bedürfnisse sowie das empathische Zuhören und Verstehen der Gefühle und Bedürfnisse anderer. Zudem lernen die Teilnehmer, wie sie mit Konflikten konstruktiv umgehen und eine kooperative und respektvolle Kommunikationskultur fördern können.

Es gibt jedoch auch Grenzen: Die Ausbildung zum Empathieberater ist kein Ersatz für professionelle psychologische Beratung oder Therapie. Sie vermittelt weder umfassende Kenntnisse in allen Bereichen der zwischenmenschlichen Kommunikation oder Konfliktlösung, noch kann sie sofortige Veränderungen in der Unternehmenskultur garantieren. Die Ausbildung legt den Grundstein für langfristige Entwicklungen. Die Empathieberater fungieren auch nicht als Coaches oder Trainer, die eigenständig Seminare oder Workshops moderieren.

Bei den Rollenworkshops war immer ein bereits ausgebildeter Empathieberater anwesend, der von seinen eigenen Erfahrungen und Erlebnissen auf der Lernreise berichtet hat. So erhielten die Teilnehmer zusätzliche Sicherheit durch Erfahrungsberichte und Klarheit über ihre zukünftigen Aufgaben.

Dar. 8: Tätigkeitsspektrum als Empathieberater

Umfang

Die für eine erfolgreiche Anwendung von Wertschätzender Kommunikation notwendige Persönlichkeitsentwicklung braucht Zeit. Als Ideal hat sich in der Praxis die bereits genannte Konfiguration von 4 Modulen à 3 Tagen mit jeweils 4 bis 5 Wochen Abstand herauskristallisiert. Auch für die Rückmeldungsrunden zwischen den einzelnen Modulen sollte genügend Zeit im Arbeitsalltag eingeplant werden. Für eine nachhaltige Etablierung sind auch Kontakte zwischen und nach den Modulen wichtig, die wir in Form von Online-Cafés und Inhouse-Treffen organisiert haben. Mittlerweile haben in vielen Regionen Präsenztreffen stattgefunden, die das Netzwerk und die Festigung des Gelernten weiter fördern. Der gegenseitige Erfahrungsaustausch führt dazu, dass wertvolle Lerneffekte sich weiter im Unternehmen verbreiten und die positiven Auswirkungen des Seminars noch weiter steigern. Gleichzeitig wird dadurch die interne Vernetzung der Empathieberater weiter gefördert und vertieft. Dieser wichtige Aspekt wurde von Beginn des Projektes an als ein sinnvolles Nebenziel definiert. So konnten persönliche Beziehungen innerhalb des Unternehmens gestärkt und Silodenken abgebaut werden.

Authentische und kompetente Trainer

Für Unternehmen ist es wichtig, dass ein Berater die Belange und täglichen Herausforderungen versteht und im Idealfall selbst bereits in der freien Wirtschaft gearbeitet hat. Setzen Sie also auf Menschen mit einem Hintergrund, der zu Ihrem Unternehmen passt und nutzen Sie unbedingt externe Experten.

Unternehmensinterne Mitarbeiter stehen bei einer solchen Aufgabe vor großen Herausforderungen. Mitglieder des eigenen Teams oder sogar die eigene Führungskraft im Seminar zu haben, ist eine zusätzliche Herausforderung, die vermieden werden kann.

Externe Trainer können authentisch sein und einen sicheren Raum schaffen, in dem Teilnehmer sich öffnen und außerhalb ihrer Komfortzone bewegen dürfen.

Wenn Sie die vorstehenden Punkte beherzigen, ein motiviertes Team zusammenstellen und den notwendigen Durchhaltewillen mitbringen, wird sich ihre Unternehmenskultur spürbar und stetig wandeln – und zwar in allen Bereichen. Dafür können Sie auf unser bewährtes Trainingskonzept zurückgreifen, das wir Ihnen im folgenden Kapitel vorstellen.

Praxisbeispiel Konfliktkosten & Konfliktlösung

» Die einzige Konstante in all Ihren Konflikten sind Sie. – Reinhard K. Sprenger

Um die auf den ersten Blick abstrakt wirkenden Zahlen der bereits erwähnten KPMG-Konfliktkostenstudie greifbarer zu machen, haben wir ein reales Fallbeispiel analysiert. Es handelt sich um einen konkreten Konflikt, den wir im Rahmen eines Mediationsprozesses begleitet haben. Die daraus resultierenden Kosten wurden mithilfe des öffentlich zugänglichen Konfliktkostenrechners (www.konfliktkostenrechner.de/ Stand: Juni 2025) geschätzt. Die im Rechner verwendeten Parameter basieren auf den Erkenntnissen der KPMG-Studie.
Im Folgenden stellen wir die Rahmendaten des Konflikts und die zugrunde gelegten Eingaben im Konfliktkostenrechner vor:

- Unternehmensgröße: ca. 10.000 Mitarbeitende
- Abteilungsgröße: 21 Mitarbeitende
- Konfliktbeteiligte: 4 Führungskräfte (1 Abteilungsleiter, 3 Teamleiter)
- Konfliktkategorie: Teamprobleme
- Leistungsminderung: bis zu 25 %
- Dauer der Leistungseinbußen: 6–12 Monate
- Zeitaufwand für zusätzliche Abstimmungen: 3 Arbeitstage
- Verzögerungen bei Projektterminen: bis zu 1.000 €
- Durchschnittliches Jahresgehalt der Beteiligten: 65.000 €
- Durchschnittlich entgangener Deckungsbeitrag je Mitarbeitenden: 20.000 €

Im Ergebnis belaufen sich die **geschätzten Konfliktkosten** auf **69.800 Euro pro Jahr** – und das für einen einzigen Konfliktfall. Wichtig ist dabei: Diese Zahl ist eine Schätzung auf Basis der genannten Kategorien.
Nicht berücksichtigt sind:

- indirekte Effekte auf die Mitarbeitenden der Abteilung, unter anderem durch mangelnde Zusammenarbeit, fehlende Abstimmung oder teamübergreifen Boykott
- tatsächlich vorgefallene, krankheitsbedingte Ausfälle im Zusammenhang mit dem Konflikt

Zudem haben wir die Eingaben im Rechner eher konservativ gewählt, d. h. am unteren Ende der verfügbaren Parameter. Ein solcher Fall verdeutlicht: Die von KPMG geschätzten Konfliktkosten – mehrere Milliarden Euro jährlich allein in Deutschland – sind durchaus realistisch. Und sie sind für Unternehmen spürbar, selbst wenn einzelne Konflikte zunächst als »Führungsthemen« oder »zwischenmenschliche Spannungen« abgetan werden.

In diesem konkreten Fall ist für die erfolgreiche **Mediation ein Honorar von 4.200,– Euro** angefallen.

9
Von der Theorie zur Praxis

» Intellektuelles Verständnis blockiert Empathie. – Marshall B. Rosenberg

Die GFK basiert auf einem theoretischen Grundgerüst, das wir am Anfang unseres Trainings intensiv behandeln. Wir legen ebenfalls Wert darauf, direkt in die Anwendung zu gehen, um die Wirkmechanismen zu verdeutlichen. Für erste Erfolge und eine Begeisterung der Teilnehmer braucht es vor allem konkrete Anwendungsbeispiele aus der Praxis.

Empathie und Nähe im Kundenkontakt
Das Modell der Gewaltfreien/ Wertschätzenden Kommunikation

MODUL 1 – Grundlagen lernen und üben
MODUL 2 – Weitere Inhalte mit Übungen vertiefen und Transfer in die Praxis vorbereiten
MODUL 3 – Weitere Inhalte, Feedback aus der Praxis und vertiefendes Üben
MODUL 4 – Sicherheit bei der Umsetzung im Alltag

MODUL 1

Im Modul I widmen wir uns diesen wesentlichen Grundlagen der GFK – immer vor dem Hintergrund: GFK ist einfach! Es braucht nur genügend Zeit für Verständnis und Übung, um die alten Muster loszulassen.

Inhalte von MODUL 1 – Grundlagen lernen und üben

- Was verhindert gelingende Kommunikation?
- Wertfrei beobachten statt interpretieren
- Gefühle im Business? Warum das Sinn macht
- Bedürfnisse erkennen und benennen
- Bitten statt fordern
- Handlungsfähig sein durch Selbstempathie
- Zauberwort Empathie: Was ist das überhaupt?

Die Wertschätzende Kommunikation ist in erster Linie eine innere Haltung aus Achtsamkeit, Respekt und Einfühlungsvermögen. Der Ansatz basiert auf einem ganzheitlichen und positiven Menschenbild. Das Ziel ist es, unsere Verbindung zu anderen Menschen so zu gestalten, dass wir gegenseitig unsere jeweiligen Gefühle und Bedürfnisse verstehen und wertschätzen. Um dies zu erreichen, nutzen wir die vier Schritte. Diese haben wir in Kapitel 6 bereits erklärt.

Dabei geht es um Augenhöhe: Meine Bedürfnisse und die meines Gegenübers sind gleich wichtig. Und nur wenn wir beide Seiten im Blick haben, entsteht Verständigung, Ausgleich und eine stabile Beziehung. In Konfliktfällen ist es das Ziel, dieses gegenseitige Verständnis herzustellen und somit die Beziehung zu befrieden.

In Unternehmen wird damit ein Umfeld geschaffen, in dem Menschen den Sinn Ihrer Arbeit erkennen. Die Selbstverantwortung des Einzelnen wird gefördert. Mitarbeitende und Kunden werden in Ihrer Ganzheit gesehen.

Eine Übung, bei der es darum geht, die GFK in praktischen Alltagssituationen zu erproben, ist das Vier-Ohren-Modell.

Das Vier-Ohren-Modell

Ein Beispiel für die innere Haltung gibt die Art des Zuhörens wieder. Marshall B. Rosenberg nannte sie die *Wolfsohren* und die *Giraffenohren*. Diese beiden metaphorischen Begriffe beschreiben zwei grundlegend unterschiedliche Weisen, wie Menschen Nachrichten empfangen und interpretieren können.

Die Wolfsohren stehen für eine defensive oder aggressive Art des Zuhörens. Wenn wir mit Wolfsohren zuhören, nehmen wir die Aussagen anderer entweder als Angriff auf uns selbst wahr oder nutzen sie als Anlass, andere anzugreifen. Das (Zu-) Hören mit Wolfsohren ist geprägt von Bewertungen, Schuldzuweisungen und Kritik.

Dar. 9: Das Vier-Ohren-Modell

Im Außen suchen wir nach Fehlern bei unserem Gegenüber und reagieren entsprechend defensiv oder konfrontativ. Hören wir mit Wolfsohren nach innen, richten wir die Kritik gegen uns selbst, machen uns Vorwürfe und fühlen uns schnell schuldig oder minderwertig. Beide Formen des Zuhörens führen zu Missverständnissen und Konflikten, da die eigentliche Botschaft des Gesprächspartners oder der eigenen Haltung verzerrt und missverstanden wird.

Im Gegensatz dazu stehen die Giraffenohren für eine einfühlsame und empathische Art des Zuhörens. Die Giraffe ist das Landtier mit dem größten Herzen und symbolisiert in der Gewaltfreien Kommunikation Mitgefühl und Verständnis. Wenn wir mit Giraffenohren zuhören, bemühen wir uns, die wahren Gefühle und Bedürfnisse hinter den Worten unseres Gesprächspartners zu erkennen und zu verstehen. Statt uns auf Bewertungen oder Schuldzuweisungen zu konzentrieren, versetzen wir uns in die Lage des anderen und versuchen, seine Perspektive nachzuvollziehen.

Hören wir mit den Giraffenohren nach außen, nehmen wir die Worte unseres Gegenübers wohlwollend auf, suchen nach den positiven Absichten und den Bedürfnissen bzw. Gefühlen, die ausgedrückt werden. Nach innen gerichtet, sind wir mit Giraffenohren in der Lage, unsere eigenen Gefühle und Bedürfnisse zu erkennen und auszudrücken, ohne uns selbst zu verurteilen.

Das Konzept der Wolfsohren und Giraffenohren hilft dabei, die Qualität unserer Kommunikation und Interaktion zu verbessern. Indem wir lernen, mit Giraffenohren zu hören, können wir Missverständnisse reduzieren, Konflikte konstruktiv angehen und eine tiefe Verbindung zu unseren Mitmenschen herstellen.

Zum Ende des ersten Moduls bilden die Teilnehmer sogenannte »Empathiegruppen«, bestehend aus vier bis fünf Personen. Dieses erste Netzwerk dient der gegenseitigen Unterstützung und dem Erfahrungsaustausch während des gesamten Seminars.

MODUL 2

> Eine schwer zu hörende Botschaft ist eine Gelegenheit, das Leben eines Menschen zu bereichern. – Marshall B. Rosenberg

Im zweiten Modul gehen wir den Schritt von der Theorie und dem empathischen Zuhören hin zu Selbstempathie in der Praxis und der Anwendung von GFK gemeinsam mit einem Gegenüber anhand von konkreten Praxisbeispielen. Als Übungen nutzen wir dazu das sogenannte Tanzparkett und das Sechs-Stühle-Modell.

Inhalte von MODUL 2 – Weitere Inhalte mit Übungen vertiefen und Transfer in die Praxis vorbereiten

- Die Perspektive wechseln
- Empathische Präsenz erleben
- Vom Müssen zum Wollen – Widerstände auflösen und Verantwortung übernehmen
- Umgang mit Schweigen
- Das Sechs-Stühle-Modell: Wertschätzende Gesprächsführung
- Erfolge feiern

Das Tanzparkett

Bei dieser Übung verteilen wir Karten mit den vier Schritten – Beobachtung, Gefühl, Bedürfnis und Bitte – auf dem Boden. Dazu kommt noch die graue Wolfskarte, die dem Reden in Wolfssprache dient – also einfach gesagt: Hier ist Platz, um alles ungefiltert rauszulassen.

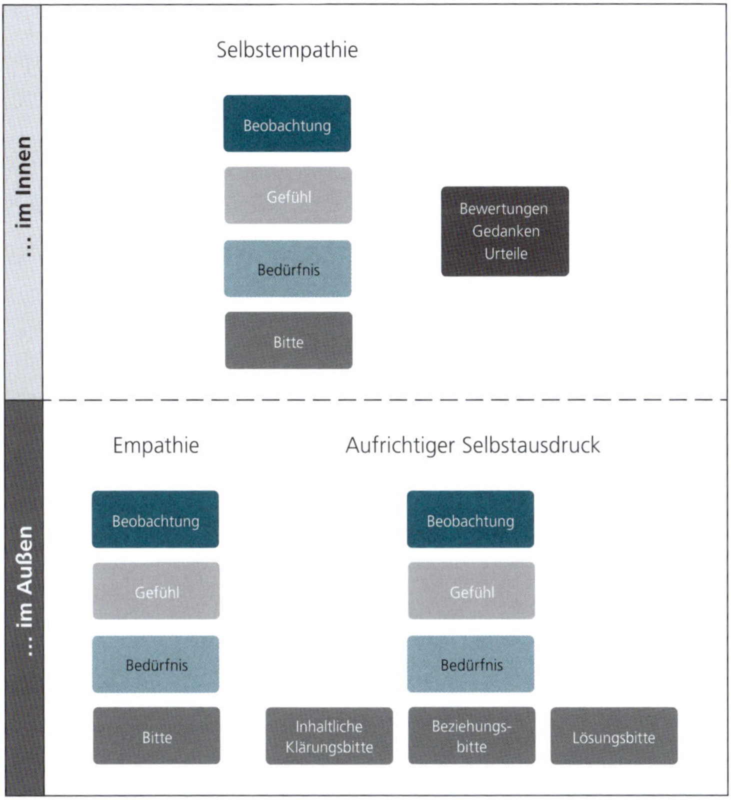

Dar. 10: Das (Giraffen-)Tanzparkett nach Gina Lawrence und Bridget Belgrave

Wir nennen diese Karten *Bodenanker*, die in der Übung helfen, sich selbst immer wieder neu zu orientieren: Wo stehe ich gerade, und was geht dabei in mir vor? Wir bitten die Teilnehmer, sich dabei immer auf das Feld zu stellen, das zu dem gerade Verbalisierten passt. Die Verknüpfung von Bewegung mit Gedankenmustern hilft dabei, im wahrsten Wortsinn den eigenen *Standpunkt* zu verstehen, zu akzeptieren und zu vertreten.

Dabei beobachten wir oft zunächst Unsicherheit bei den Teilnehmenden: Was ist eigentlich ein Bedürfnis, was ein Gefühl, eine Bitte oder eine Beobachtung? Hier erfolgt bereits die Anwendung der theoretischen Grundlagen aus dem ersten Modul. Anfänglich fällt es manchmal schwer, sich immer auf die richtige Position zu stellen. Durch die Einbindung in eine physische Übung werden die Unterschiede immer klarer und es entwickelt sich Sicherheit bei der eigenen Positionierung, die sich dann auch verbal zeigt.

Wir erinnern uns: Es geht immer zuerst um Selbstempathie und den offenen Umgang mit den eigenen Gefühlen und Bedürfnissen. So könnte zum Beispiel die eigene Wahrnehmung eines Kollegen sein: »Das ist ein egoistischer Depp!« - was dann auf der Wolfskarte auch ausgesprochen werden darf.

Diese Aussage gehört auf die Wolfskarte, denn sie ist bewertend und verletzend. Jetzt geht es darum, genau diese Wahrnehmung zu hinterfragen und anders auszudrücken. Die Beobachtung könnte zum Beispiel sein: Der betreffende Kollege hat in diesem Jahr als erster alle Brückentage als Urlaub eingetragen. Die Gefühle, die dadurch ausgelöst werden, sind neben Ärger auch Frustration und Entsetzen. Die zugrunde liegenden Bedürfnisse sind Fairness, Rücksichtnahme und Gleichbehandlung. Eine Bitte kann jetzt entsprechend deutlich formuliert werden.

Das Weglassen bzw. Überwinden der eigenen negativen Bewertungen führt also zu den eigenen Bedürfnissen. Dabei geht es zunächst um die Selbstempathie – also das innere Erleben. Hier wird eine bestimmte Situation aus dem Berufsalltag nachgespielt, wobei sich der Protagonist beim Sprechen immer auf einem der vier Felder bewegt: Beobachtung, Gefühl, Bedürfnis und Bitte.

Hier zeigt sich auch, warum neutrale, externe Trainer wichtig sind: In diesem sicheren Raum können Hemmungen abgebaut werden. Hierbei stellt sich meist sehr schnell ein Bewusstsein dafür ein, dass Selbstempathie mit Selbsterkenntnis zu tun hat und einige Arbeit erfordert. Erst wenn die eigene Situation völlig klar ist, gehen wir nach außen und bringen eine weitere Person ins Spiel, die jetzt empathisch in ihren Bedürfnissen abgeholt wird, ohne dabei die Selbstempathie außer Acht zu lassen. Das Tanzparkett verdeutlicht so auch physisch den ständigen Wechsel zwischen Beobachtungen, Gefühlen, Bedürfnissen und Bitten. Es ist in einem Gespräch also jederzeit möglich, sich wieder in die Selbstempathie zu begeben und die eigenen Gefühle und Bedürfnisse neu zu sortieren, bevor der Austausch fortgesetzt wird.

Das Sechs-Stühle-Modell nach Klaus Karstädt

Mit dieser Übung knüpfen wir an das Tanzparkett an und üben die Anwendung der Wertschätzenden Kommunikation ebenfalls mit Situationen aus dem Arbeitsalltag der Teilnehmer. Dabei gibt es für jede der beiden Personen drei Stühle. Das Sechs-Stühle-Modell basiert auf der Idee, dass jeder der beiden Beteiligten drei verschiedene Perspektiven einnehmen kann: den Ich-Stuhl, den Du-Stuhl und den Wir-Stuhl.

Dar. 11: Das Sechs-Stühle-Modell (nach Klaus Karstädt)

Der Ich-Stuhl ist der Ort, an dem eine Person aus ihrer eigenen Perspektive spricht. Hier beschreibt sie ihre Beobachtungen, Gefühle und Bedürfnisse und formuliert eine Bitte. Es geht darum, sich selbst klar und ehrlich auszudrücken, ohne die andere Person zu beschuldigen oder zu bewerten. Durch diese Selbstoffenbarung kann die Person ihre eigenen inneren Zustände klären und mitteilen, was sie wirklich bewegt.

Gleichzeitig ist das der Stuhl, auf dem die Eskalation entsteht, wenn man sich in Vorwürfen und Bewertungen über die andere Person auslässt. Dies ist oft die Ausgangssituation für eskalierende Konflikte, weil Menschen es nicht gelernt haben, sich in ihren Gefühlen und Bedürfnissen auszudrücken.

Der Du-Stuhl ist die Perspektive auf die andere Person. Auf diesem Stuhl versucht man, sich in die Lage des anderen hineinzuversetzen und dessen Gefühle, Bedürfnisse und Perspektiven zu verstehen. Hierbei wird ausgedrückt, was der andere möglicherweise fühlt und braucht. Diese empathische Annäherung hilft, die Sichtweise des anderen zu würdigen und eine tiefere Verbindung zu schaffen.

Der Wir-Stuhl repräsentiert die gemeinsame Perspektive beider Personen. Hier geht es darum, Lösungen und Wege zu finden, die für beide Seiten akzeptabel sind und die Bedürfnisse beider Parteien berücksichtigen. Der Fokus liegt auf Kooperation und gemeinsamer Problemlösung. In dieser Phase werden die individuellen Anliegen zusammengeführt, um letztlich eine ehrliche Verbindung herzustellen.

Während der Übung kommt es öfter vor, dass sich die beiden Teilnehmer nicht gegenübersitzen. Auf den jeweiligen Sitzpositionen wird so deutlich, bei wem gerade die Aufmerksamkeit liegt. Wenn die gemeinsame Verbindung in dem Gespräch entstanden ist, ist es für die Beteiligten ein leichter Weg auf den Wir-Stuhl. Jetzt besteht die Aufgabe darin, eine Lösung zu finden, die für beide Beteiligte passt. Dieser Konsens ist nachhaltig. Im Gegensatz zu Kompromissen, die selten beide Parteien wirklich zufriedenstellen.

Unterschiedliche Positionen in der Kommunikation

ICH-Stuhl
Auf dem ICH-Stuhl spreche ich von mir und sage, worum es mir geht. Ich drücke mich dabei möglichst in den vier Schritten aus.

DU-Stuhl
Vom DU-Stuhl aus höre ich meinem Gegenüber zu und gebe wieder, was ich verstanden habe (z. B. „Ich sage jetzt erst mal, was ich verstanden habe, ok?"). Ich sende Testballons aus und gebe Gefühle und Bedürfnisse wieder.

WIR-Stuhl
Auf dem WIR-Stuhl spreche ich mit meinem Gegenüber über Lösungsideen und konkrete Handlungen. Dabei möchte ich sowohl seine als auch meine Anliegen berücksichtigen.

Dar. 12: Unterschiedliche Positionen im Sechs-Stühle-Modell

>> Der einfache Weg wird schwer, der schwierige Weg wird leicht. – Robert T. Kyosaki

Beispieldialog

Um die Bedeutung des Sechs-Stühle-Modells zu verdeutlichen, haben wir hier einen Dialog in zwei Versionen dargestellt, wie er sich im Arbeitsalltag häufig abspielt. Die Grundsituation ist folgende: Herr Schmitz war im Urlaub und Frau Huber sollte ihn vertreten. Beide sind Sachbearbeiter in einer Versicherung und hierarchisch gleichgestellt. Am ersten Tag nach dem Urlaub findet jetzt ein Übergabegespräch statt.

Variante 1: »Klassisch«

Sprecher	Dialog	Perspektive
Herr Schmitz	Gut, Frau Huber, dass ich Sie gerade treffe. Wir hatten doch vereinbart, dass Sie mich im Urlaub vertreten.	Ich
Frau Huber	Ja, wie war es denn?	Du
Herr Schmitz	Ja, wie war es? Der Urlaub war toll. Aber jetzt komme ich zurück und sehe, dass der Fall Meyer überhaupt nicht bearbeitet wurde. Morgen ist die Abgabefrist, und ich bin total schockiert.	Ich
Frau Huber	Ja, Herr Schmitz, ich habe wirklich alles bearbeitet, was möglich war. Es war hier einiges los. Es tut mir wirklich leid, dass der Fall noch offen ist. Aber Sie hatten in dem Fall so viele Vorgespräche geführt. Ich dachte, Sie würden das relativ schnell erledigen. Ich brauche viel Zeit, um mich da einzuarbeiten.	Ich
Herr Schmitz	Aber wir haben doch vorher über alle Fälle gesprochen, und Sie haben gesagt, Sie vertreten mich. Ich bin davon ausgegangen, dass alles passt. Jetzt muss ich das heute alles nacharbeiten, und das ist nicht einfach aus dem Ärmel zu schütteln.	Ich
Frau Huber	Ich habe hier nicht einfach Däumchen gedreht, Herr Schmitz.	Ich
Herr Schmitz	Aber wir hatten doch vereinbart, dass Sie mich vertreten. Vertreten bedeutet, alles zu erledigen, und nicht nur die einfacheren Aufgaben herauszupicken.	Ich
Frau Huber	Das waren keine einfachen Aufgaben, Herr Schmitz. Ich habe viele Fälle erledigt, und ja, es stimmt, einer ist noch offen. Ich habe den Fall gewählt, bei dem Sie noch Zeit hatten. Alle anderen, die während Ihres Urlaubs fällig waren, habe ich bearbeitet.	Ich
Herr Schmitz	Ja, und wie machen wir das jetzt? Morgen um 10 Uhr ist der Termin. Ich muss das heute alles noch nachholen.	Ich

Frau Huber	Wir haben heute noch einen Tag für diesen Fall. Ich denke, das wird reichen. Der Rest ist ja bereits erledigt.	Ich
Herr Schmitz	Naja, das entspricht nicht meinen Vorstellungen. Das ist für mich keine Zusammenarbeit. Aber gut, ich merke es mir.	Ich
Frau Huber	Es tut mir wirklich leid, dass Ihr Wiedereinstieg nicht so reibungslos verläuft. Aber etwas Dankbarkeit hätte ich schon erwartet.	Ich
Herr Schmitz	Ja, danke für nichts.	Ich

Man sieht an diesem Beispiel sehr schön: Solange beide in der Ich-Perspektive bleiben, kommt keine Verbindung zustande. Frau Huber versucht am Anfang kurz, das Gespräch auf den Urlaub zu lenken und interessiert sich für die Erlebnisse ihres Kollegen. Der ist aber bereits verärgert über den unbearbeiteten Fall und geht nicht darauf ein. Wie dieser Dialog nach dem Sechs-Stühle-Modell ablaufen kann, sehen wir in der zweiten Variante.

Variante 2: »Alternativ« nach dem Sechs-Stühle-Modell

Sprecher	Dialog	Perspektive
Herr Schmitz	Ah, Frau Huber. Schön, dass ich Sie treffe.	Ich
Frau Huber	Grüß Sie.	Ich
Herr Schmitz	Also, ich habe gerade in die Inbox geschaut. Der Fall von Herrn Meyer ist noch nicht gelöst. Morgen ist der Termin, und wir hatten doch ausgemacht, dass Sie mich im Urlaub vertreten. Jetzt ist dieser Fall immer noch nicht bearbeitet.	Ich
Frau Huber	Herr Schmitz, sind Sie gerade irritiert, weil der Termin morgen ist und der Fall noch offen ist?	Du
Herr Schmitz	Ja, sicher. Wir hatten doch vereinbart, dass Sie mich vertreten. Wir haben über den Fall gesprochen, und Sie kennen den Termin.	Ich

Frau Huber	Und Sie haben erwartet, dass alles vorbereitet ist, damit Sie sich nur einlesen und den Termin morgen wahrnehmen können?	Du
Herr Schmitz	Ja, klar. Ich bin jetzt zurück, und die Inbox ist wie immer voll.	Ich
Frau Huber	Hmm, da sind Sie jetzt enttäuscht und verärgert?	Du
Herr Schmitz	Ja, sicher. Ich möchte mich darauf verlassen können, wenn wir eine Vereinbarung treffen. Wir haben am Anfang darüber gesprochen, und der Termin war bekannt.	Ich
Frau Huber	Ich verstehe, dass Sie enttäuscht sind, weil sie sich darauf verlassen möchten, dass die Vereinbarung eingehalten wird und alles erledigt ist, wenn sie zurückkommen.	Du
Herr Schmitz	Genau.	Du
Frau Huber	Möchten Sie mal hören, wie es mir in den letzten drei Wochen ergangen ist?	Ich
Herr Schmitz	Ja, gerne.	Du
Frau Huber	In den letzten drei Wochen war viel los. Eine Kollegin hat gekündigt und wurde sofort freigestellt, was bedeutete, dass ich plötzlich drei Inboxen betreuen musste. Ich habe viele Überstunden gemacht, um alles einigermaßen zu bewältigen. Bei dem Fall von Herrn Meyer war ich unsicher und hoffte, dass Sie durch die Vorgespräche schneller klarkommen würden als ich. Ich habe Ihnen den heutigen Tag freigehalten, damit Sie sich auf den morgigen Termin vorbereiten können. Ab 13 Uhr habe ich Zeit und könnte Ihnen noch helfen, falls Sie das möchten. Es war mir bewusst, dass der Fall noch offen ist, aber ich habe es einfach nicht geschafft.	Ich
Herr Schmitz	Ich merke, dass Sie auch überlastet waren und nach einer Lösung gesucht haben.	Du

Frau Huber	Genau, ich musste eine Entscheidung treffen. Wie finden Sie mein Angebot, Ihnen heute Nachmittag zu helfen? Ich habe mir die Zeit freigehalten. Möchten Sie das annehmen?	Wir
Herr Schmitz	Ja, das wäre mir recht. Ich habe die Vorgespräche geführt, muss mich aber wieder in den Fall einarbeiten. Ich kann bis zur Mittagspause noch etwas vorbereiten. Wollen wir uns nach der Mittagspause um 14 Uhr treffen und das zusammen durchgehen?	Wir
Frau Huber	Gerne. Vielleicht kann ich einige Aufgaben übernehmen, wie Leute befragen oder Interviews führen, um Sie zu entlasten.	Wir
Herr Schmitz	Dann lassen Sie uns das um 14 Uhr besprechen und die Aufgaben aufteilen. Ich bin erleichtert, dass wir das zusammen noch hinkriegen.	Wir

In diesem Beispiel geht Frau Huber auf Ihr Gegenüber ein, versteht ehrlich seine Verärgerung und Enttäuschung und schildert ihm auch ihre Perspektive. Herr Schmitz entwickelt so ein Verständnis für die stressige Situation, in der sich seine Kollegin befand. So entsteht am Ende ein Wir-Gefühl, aus dem sich eine gemeinschaftliche Lösung des Problems entwickelt. Im ersten Fall wird die Grundlage für weitere Verstimmungen und Ärgernisse gelegt – im zweiten entsteht eine Verbindung zwischen den beiden Kollegen, die sich als Folge kooperativ verhalten.

Ein weiterer Aspekt ist die Notfall-Empathie: Teilnehmer lernen Strategien, um sich selbst in schwierigen Fällen Empathie zu holen. Das kann zum Beispiel durch Telefonate oder Gespräche mit Kollegen geschehen. Wichtig ist, dass man Unterstützung in herausfordernden Situationen erhält – denn nur, wer mit sich selbst empathisch umgeht, kann dann wiederum anderen Empathie geben. Weiterhin widmen wir uns dem Umgang mit Schweigen und anderen Situationen, in denen die Gewaltfreie Kommunikation scheinbar an ihre Grenzen stößt. Wir üben an vielen Praxisbeispielen, wie sich auch diese Herausforderungen meistern lassen.

Die Bedeutung der Übungen in der Praxis

>> Du übst und wirst besser. Es ist sehr einfach. – Philip Glass

Was vielleicht nach Partyspielen klingt, hat eine sinnvolle Grundlage: Durch das stetige Wechseln der Perspektiven wird den Menschen bewusst, welche Position sie gerade einnehmen. Körperliche Aktivität zielgerichtet zu nutzen, festigt dieses Bewusstsein und stärkt die Fähigkeit zur Selbstbeobachtung langfristig.

Beide Übungen – sowohl das Tanzparkett als auch das Sechs-Stühle-Modell sind zentrale Bestandteile des Trainings, um das Gelernte immer weiter zu festigen. Dadurch entsteht im Laufe der 12 Tage die entsprechende innere Haltung und Sicherheit in der Umsetzung des Gelernten. Dabei ist es gerade im Alltag eine Umstellung, die intuitiven Wechsel zwischen den einzelnen Stufen umzusetzen – unabhängig davon, ob der Gesprächspartner in GFK geschult wurde. Auch darum ist es so wichtig, dem Training genug Raum und Zeit zu geben.

Sie können es in etwa mit einer Fahrerlaubnis vergleichen: Sie sagt nichts darüber aus, wie gut oder schlecht jemand Auto fährt – sie berechtigt lediglich zur aktiven Teilnahme im motorisierten Straßenverkehr. Erst mit wachsender Fahrpraxis kommt irgendwann eine Sicherheit und es entstehen Erfahrung und Routinen. So fahren wir vielleicht den täglichen Arbeitsweg, sind dabei völlig in Gedanken und können uns nicht an Details der Strecke erinnern – trotzdem waren wir aufmerksam und sind sicher ans Ziel gekommen.

Obwohl es sich bei den Trainings um Übungssituationen handelt, lässt sich bereits nach wenigen Sätzen kein Unterschied zu einer realen Situation mehr feststellen. Das liegt an demselben Prinzip, nachdem wir im Kino bei aufregenden Szenen schweißnasse Hände bekommen oder Gänsehaut bei einem Horrorroman von Stephen King. Durch die Anspannung in der ungewohnten Trainingssituation und die Verarbeitung realer Situationen aus dem Berufsleben wird Adrenalin freigesetzt und die Teilnehmer vergessen sehr schnell, dass sie sich in einer Übungssituation befinden. Auch das Drumherum wird häufig nach kurzer Zeit völlig ausgeblendet.

Eine typische Rückmeldung ist folgende: »Ich hatte mir extra vorgenommen, nicht mitzumachen und mich im Rollentraining möglichst kontraproduktiv zu verhalten. Es hat nicht funktioniert!«

Die Wirkung von Empathie – also der Umgang mit einem Menschen, der einem empathisch, offen und ehrlich begegnet – wird bereits in den Trainingssituationen als sehr angenehm beschrieben und macht bei den Teilnehmern Lust auf mehr.

MODUL 3

> » Obwohl wir unsere Art zu sprechen vielleicht nicht als ›gewalttätig‹ betrachten, führen unsere Worte oft zu Verletzungen und Schmerz, sei es für andere oder für uns selbst. – Marshall B. Rosenberg

Inhalte von MODUL 3 – Weitere Inhalte, Feedback aus der Praxis und vertiefendes Üben

- Herausfordernde Kundengespräche üben/ vorbereiten/ klären
- Wie begeistere ich meine Kunden und schaffe Loyalität zum Unternehmen?
- Bedürfnisse umgangssprachlich formulieren
- Wertschätzen versus loben
- Meine Rolle als Empathieberater/in

Im Modul 3 widmen wir uns einer alltagstauglichen Ausdrucksweise – wir nennen es »Straßengiraffisch«, um in den Bildern der GFK zu sprechen. Viele Teilnehmer sagen, dass die am Anfang viel genutzten Formulierungen zwar hilfreich sind, sich aber in der Praxis nicht wirklich anwenden lassen, will heißen: So sprechen wir doch nicht.

Wir üben außerdem, wie wir mit Verärgerung und Frustration auf positive Weise umgehen und arbeiten weiter mit konkreten Formulierungen, die im Alltag helfen, eine kritische Situation zu klären. Nochmals zu betonen ist hier, dass es bei der GFK eben nicht um das Einstudieren von Phrasen geht. Dennoch ist eine Sensibilisierung für die Feinheiten der Sprache wichtig, um sich überhaupt der Wirkung der eigenen Kommunikation bewusst zu werden. Das Ziel hier ist es, die eigene Haltung auf authentische Weise auszudrücken. Es geht darum, sich auch bei kritischen Themen aufrichtig mitzuteilen und die Grenzen der eigenen Kompromissbereitschaft deutlich zu machen – nur eben empathisch und konstruktiv.

Wenn sich trotz aller Gespräche keine Lösung des Konflikts herstellen lässt – zum Beispiel, weil die Strategien zur Erfüllung der jeweiligen Bedürfnisse einfach zu unterschiedlich sind – ist es eine mögliche Lösung, friedlich zu einem »Disagreement«, also der Feststellung einer Meinungsverschiedenheit, zu gelangen. Hier einigt man sich darauf, eben keine Einigung zu finden und die Situation anders zu lösen.

Außerdem geht es um die empathische Ablehnung: Es geht darum, bestimmt und gleichzeitig wertschätzend Nein zu sagen. Wir erinnern an das Gelernte aus Modul I: Ein Nein ist immer ein Ja zu eigenen Bedürfnissen. Denken Sie an den Satz: »Sie können jemanden auch empathisch feuern.«

Am letzten Tag dieses Moduls findet wieder eine sehr wichtige Kleingruppenübung mit Praxisbezug statt: Wie verändert Empathie die Bindung des Kunden bzw. Mitarbeiters zum Unternehmen?

Die Teilnehmenden haben zu diesem Zeitpunkt neun Tage ihrer Ausbildung absolviert und ihre neue Haltung in Gesprächen mit Kunden und Kollegen ausprobiert. Es ist in der Regel ein gutes Gespür dafür vorhanden, wie ein empathischer Umgang den Ablauf von Kundengesprächen, die allgemeine Stimmung und die Kommunikation im Team verändert. Aus einer Vielzahl an Rückmeldungen haben wir hier eine Übersicht der häufigsten und wirksamsten Veränderungen erstellt.

Dar. 13: Interne und externe Vorteile der Gewaltfreien Kommunikation

Wie GFK die Loyalität zum Unternehmen verändert...	
...in Bezug auf Kunden	**...in Bezug auf Mitarbeiter**
• Weniger Spannungen im Gespräch • Beratungsqualität steigt • Empathische Gespräche führen zu mehr Offenheit • Bessere Beziehung wird aufgebaut • Positiven Erfahrungen führen zu mehr direkten Empfehlungen • Bindung steigt deutlich • Weniger Widersprüche und Beschwerden • Kunde kann mit Entscheidungen besser umgehen und zeigt mehr Verständnis • Angenehme Atmosphäre führt zu höherer Wahrnehmung von Professionalität und Kompetenz • Positives Erlebnis • Wertet Unternehmensimage und Marke auf • Zufriedene Kunden erhöhen die Motivation der Mitarbeiter	• Mehr Wertschätzung untereinander • Bindung zum Unternehmen steigt • Weiterentwicklung auf persönlicher Ebene • Vernetzung und Abbau von Silodenken • Verständnis für die Arbeit in anderen Bereichen • Sicherheit durch Netzwerk • Empathische Gespräche vermeiden Konflikte • Gesunde und zufriedene Mitarbeiter • Krankenstand sinkt • Effizienteres Arbeiten, Produktivität steigt • Besseres Arbeitsklima, weniger Kündigungen, Freude am Job • Attraktivität des Arbeitgebers steigt • Gegenseitige Motivation hilft, die Unternehmensziele zu erreichen • Selbstempathie erhöht die Resilienz

MODUL 4

> Wenn wir wirklich gehört werden mit unseren Gefühlen und Bedürfnissen, ändern wir uns. – Marshall B. Rosenberg

Das vierte Modul dient der Festigung der inneren Haltung und gibt Sicherheit für die Anwendung im Alltag. Hier arbeiten wir mit einer großen Zahl an Praxisbeispielen, die unsere Teilnehmer aus ihren Erfahrungen der letzten Monate mitbringen. Wir üben, die Wertschätzende Kommunikation souverän anzuwenden – zum Beispiel durch wertschätzendes Unterbrechen. Auch empathisch Feedback zu geben oder Empfehlungen auszusprechen, ohne dabei in alte Machtverhältnisse wie herablassende Kommunikation oder Besserwisserei abzurutschen, wird weiter trainiert und gefestigt.

MODUL 4 – Sicherheit bei der Umsetzung im Alltag

- Wertschätzend unterbrechen
- Wertschätzungskultur im Team implementieren
- Umgang mit Vorurteilen – raus aus dem Schubladendenken
- Trainieren und coachen im Kunden- und Kollegenkreis

Wir bauen das Verständnis für Gefühle, Pseudogefühle und Gedanken weiter aus. Herausforderungen, die bei der Anwendung von GFK im Arbeitsalltag aufgetreten sind, können hier nochmals besprochen, bearbeitet und gelöst werden.

Am vorletzten Tag des Seminars haben wir eine besondere Übung zur Förderung der gegenseitigen Wertschätzung eingebaut. Alle Teilnehmenden erhalten Wertschätzung von den anderen. Diese Übung bietet eine einzigartige und für viele eine bereichernde Erfahrung. Sie verdeutlicht, wie wichtig Anerkennung und Wertschätzung für die Motivation und das Engagement im Unternehmen sind. Gleichzeitig macht sie deutlich, dass genau diese Bedürfnisse oft zu kurz kommen – was uns daran erinnert, die Unternehmenskultur aktiv zu gestalten, um Bindung und Leistungsbereitschaft zu fördern.

Was bedeutet eigentlich »GFK anwenden«?

» Das Ziel der Gewaltfreien Kommunikation ist nicht, Menschen und ihr Verhalten zu ändern, um unseren Willen durchzusetzen, sondern Beziehungen aufzubauen, die auf Ehrlichkeit und Empathie basieren, die schließlich die Bedürfnisse aller erfüllen. – Marshall B. Rosenberg

Das letzte Modul dient nochmals der Vertiefung der inneren Haltung. Wir möchten an dieser Stelle erneut betonen: die *Anwendung* von GFK im Alltag bedeutet *nicht* das Abspulen von antrainierten Verhaltensweisen – es geht vielmehr um eine grundlegende Veränderung der inneren Einstellung. Es gibt keine vorgefertigten Gesprächsleitfäden – der Gesprächsleitfaden ist das Gegenüber.

Diese offene Haltung und vor allem der empathische Umgang mit sich selbst erfordert am Anfang viel Übung. Haben sich die Verhaltensweisen eingeprägt und werden immer mehr positive Resultate erlebt, dann findet schließlich eine grundlegende Änderung der inneren Einstellung statt.

GFK ist also nur am Anfang eine Art Technik, deren Anwendung bewusst geübt werden muss. Später wird sie zu einer Selbstverständlichkeit, die den Umgang mit Menschen deutlich einfacher und konfliktärmer gestaltet.

10
Zur Nachhaltigkeit von Wertschätzender Kommunikation

Einmal gelernt, nicht mehr genutzt – aus den Augen, aus dem Sinn: Dieser Effekt stellt sich bei vielen Seminaren und Methoden ein. Vielleicht kennen Sie es aus interkulturellen Trainings nach der Art »Talking to the Dragon – Doing Business in China«. In zwei Tagen lernt man hier alles Mögliche über kulturelle Unterschiede, Hürden wie Gesichtsverlust und die Feinheiten der gesellschaftlichen Hierarchie. Dann geht man auf eine Geschäftsreise nach China, hält einen Vortrag, ist nervös – und macht am Ende doch alles falsch. Nicht umsonst nehmen erfolgreiche Unternehmen erhebliche Kosten und Mühen auf sich, um Mitarbeiter zu delegieren und durch längere Auslandsaufenthalte interkulturell zu sensibilisieren. Kein Unternehmen würde 3 Jahre Miete in Shanghai oder New York bezahlen – inklusive Heimflugbudgets, internationaler Schulen, Lebenskostenanpassungen und dem doppelten Gehalt – wenn sich diese Kompetenzen in einem vergleichbar günstigen Wochenendseminar erlernen ließen.

So gesehen ist eine Ausbildung zum Empathieberater ein wahres Schnäppchen – vor allem, wenn man die positiven Auswirkungen bedenkt. So stellt sich die lange und intensive Schulung in den vier Modulen gleich in ganz anderem Licht dar: Sie sorgt dafür, Wertschätzende Kommunikation nachhaltig zu etablieren.

Und dennoch: Mitarbeiter verlassen das Unternehmen oder gehen in den Ruhestand und neue Menschen kommen aus einem anderen Umfeld hinzu. So stellt sich mit der Zeit ein gewisser Verwässerungseffekt ein.

Auch hier haben wir verschiedene Maßnahmen etabliert, um in den Pausen zwischen den Trainings und über die Ausbildung hinaus die Grundlage immer weiter zu festigen. Im Rahmen regelmäßiger Online-Treffen, unseren Empathie-Cafés, geben wir Menschen die Gelegenheit, auch nach Ablauf der vier Module über ihre Erfahrungen mit der Wertschätzenden Kommunikation im Arbeitsalltag zu sprechen. Hier pflegen wir Kontakte, analysieren besonders herausfordernde Situationen und unterstützen einander. Der abteilungs- und standortübergreifende Austausch fördert den Zusammenhalt und das Wir-Gefühl der gesamten Belegschaft. Ein positiver Nebeneffekt ist die Herausbildung von Netzwerken im Unternehmen, was dem insgesamt sehr nützlichen Abbau von Silos dient.

Damit Sie möglichst bald auch auf externe Trainer verzichten können, haben wir die Zusatzausbildung zum Spezialisten etabliert. Dabei handelt es sich um Mitarbeiter, die überwiegend in der Kundenberatung arbeiten und teilweise bereits eine Trainerqualifikation mitbringen. Je nach Unternehmensgröße und Priorität können diese Spezialisten ihre Aufgaben in Teil- oder auch in Vollzeit ausüben. Bei der Ausbildung geht es im Wesentlichen darum, die innere Haltung so weit zu stärken, dass sie auch in sehr komplexen oder dynamischen Situationen die Prinzipien der GFK aufrechterhalten können.

Als eine Art »Soft Launch« hat sich zu Anfang eine Tandem-Lösung bewährt: Ein Spezialist und ein erfahrener Trainer aus unserem Team absolvieren für einen festgelegten Zeitraum gemeinsam die Trainings im Unternehmen. So kann direkt in der Praxis Erfahrung gesammelt werden. Mit einer genügend großen Anzahl an Spezialisten wird die Gewaltfreie Kommunikation somit dauerhaft im Unternehmen verankert und es sind mit der Zeit keine externen Trainer mehr notwendig. Und es ist in ausreichendem Maße dafür gesorgt, dass nach dem Ende der Trainings nicht wieder zum Ausgangszustand zurückgekehrt wird.

11
Zum guten Schluss

Das zentrale Ziel unseres Buches ist es, Ihnen folgende Einsichten zu vermitteln:

1. Empathie und zwischenmenschliche Kommunikation sind Schlüsselfaktoren für erfolgreiche und zukunftsfähige Unternehmen.
2. Es gibt eine erprobte Methodik, um Empathie durch Wertschätzende Kommunikation in Unternehmen zu etablieren.
3. Die Auswirkungen sind positiv, deutlich und messbar.

Mit einem Einblick in eines unserer größeren Projekte und den Ergebnissen unserer Arbeit möchten wir Ihnen eine Möglichkeit aufzeigen, wie Sie in Ihrem Unternehmen den Kulturwandel bewerkstelligen können.

Wertschätzende Kommunikation als strategischer Erfolgsfaktor

> Umsetzung ist alles. (...) Es gibt so viele Menschen, die so hart arbeiten und doch so wenig erreichen. – John Doerr[7]

Transformation und Wandel gab es schon immer. Was uns heute die größten Probleme bereitet, ist die Geschwindigkeit, mit der neue Technologie in menschliche Arbeitsleistung eingreift. Digitalisierung und Disruption treffen auf volatile Märkte und unsichere Konsumenten. Unternehmer und Führungskräfte fühlen sich nicht selten von der Dynamik des Geschehens überrollt: Welche Technologie ist für ihr Unternehmen wichtig, welche kann man vernachlässigen? Wo reicht es, einige Prozesse anzupassen, um den Wettbewerbsvorteil

---

7 Der Risikokapitalgeber mit Branchenerfahrung ist zugleich Autor des Buches Measure what matters: The Simple Idea that Drives 10x Growth, Penguin Verlag 2018.

zu halten – und wo bedrohen disruptive Startups das gesamte Geschäftsmodell? In so einem Umfeld braucht es einen stabilen Anker, den viele erfolgreiche Menschen in zwischenmenschlichen Beziehungen finden.
Moderne Kunden bleiben, wenn ein Unternehmen sie persönlich anspricht, ernst nimmt und ihre Probleme löst – ohne Wenn und Aber.
Moderne Mitarbeiter wollen gehört werden und ihre Fähigkeiten nutzen, um eigenständig Lösungen zu finden.
Authentische und wertschätzende Beziehungen zu Kunden und Mitarbeitern haben sich dabei als ein entscheidender Wettbewerbsvorteil erwiesen, nach dem Motto: Ehrliche Kunden äußern Wünsche und benennen Probleme, ermächtigte Mitarbeiter finden die dazu passenden Lösungen.
Das Modell der Wertschätzenden Kommunikation nach Marshall B. Rosenberg bietet Unternehmen eine wirksame Methode, diese so wichtigen Beziehungen zu stärken und gleichzeitig wirtschaftliche Vorteile zu erzielen – denn Wertschätzende Kommunikation schafft die Grundlage für empathischen Dialog, stärkt Beziehungen, reduziert Unsicherheit und fördert Eigeninitiative.

Wie kultureller Wandel messbar wird

Wertschätzende Kommunikation ist nicht nur ein weicher Faktor, sondern ein zentraler Hebel zur Steigerung von Effizienz und Rentabilität. Für Unternehmen, die eine entsprechende Kultur konsequent etablieren, schlägt sich das auch im Geschäftsergebnis nieder – wenn man die richtigen Kennzahlen erfasst. Einige mögliche Messgrößen haben wir hier beispielhaft aufgelistet:

- Fluktuationsrate, Rekrutierungskosten
- Anzahl der internen Konflikte und deren Lösungskosten
- Produktivität (z. B. Umsatz pro Mitarbeiter)
- Net Promoter Score (NPS)
- Kundenzufriedenheitsindex (CSI)
- Kundenbindungsrate
- Customer Lifetime Value (CLV)
- Anzahl und Kosten von Reklamationen

Auch beim Weltwirtschaftsforum in Davos ist das Thema Empathie inzwischen angekommen. Die Gewaltfreie Kommunikation umfasst auch die Selbstempathie, und zahlt somit gleich auf mehrere Core Skills der Zukunft ein.

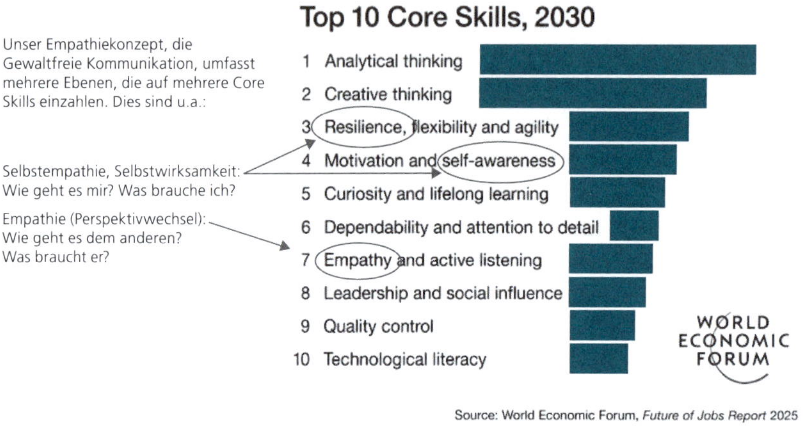

Dar. 14: TOP 10 der Kernkompetenzen 2030 (Quelle: World Economic Forum: Future of Jobs Report 2025[8])

Ob Sie schon überzeugt sind, dass Wertschätzende Kommunikation auch für Ihr Unternehmen der richtige Weg ist, ob Sie noch weitere Fragen haben oder sich einfach unverbindlich informieren möchten – wir sind für Sie da!

Was die Menschen sagen

Egal, ob Sie Prozesse gestalten, Strategien entwickeln oder Projekte aufsetzen - entscheidend dabei sind die handelnden Menschen: Menschen, die begeistert sind und freiwillig gerne zum Gelingen beitragen.

8 Online verfügbar unter: https://reports.weforum.org/docs/WEF_Future_of_Jobs_Report_2025.pdf (letzter Zugriff: 30.06.2025).

Die Führungskraft

Was hast Du über die Weiterbildung gedacht, bevor Du sie begonnen hast?

Ich war zunächst skeptisch, ob noch eine Weiterbildung wirklich den Unterschied machen kann. Ich hatte schon eine Menge Schulungen in meinem Leben. Vor allem bei Konflikten, die im Alltag oft subtil oder zwischen den Zeilen ablaufen, ist man als Führungskraft schon sehr gefordert. Ich habe mich gefragt, ob das nicht eher theoretisch bleibt und viel zu komplex in der Anwendung ist. Gleichzeitig hatte ich die Hoffnung, Werkzeuge zu bekommen, um Konflikte besser zu begleiten und nicht ständig selbst eingreifen zu müssen.

Machen sich Deine Erfahrungen aus der Weiterbildung in Deinem beruflichen Alltag bemerkbar? Was ist anders als vor der Weiterbildung?

Definitiv. Das hier war nicht einfach nur irgendeine weitere Schulung. Das Seminar ist völlig anders aufgebaut als das, was man so kennt; und obwohl es relativ lange dauert, konnte ich von Tag I an Veränderungen spüren. Es hat meine komplette Art zu denken und zu handeln verändert. Ich gehe heute klar und ruhig in schwierige Gespräche. Ich weiß besser, was ich tue, wenn Emotionen hochkommen. Dadurch verliere ich weniger Zeit mit Umwegen oder Eskalationen. Und ich merke: Ich bin nicht mehr der »Problemlöser für alles«, sondern ermögliche den Mitarbeitern, mehr Verantwortung zu übernehmen. Oder um es im Seminar-Deutsch zu sagen: Ich kann sehr lange auch mal auf dem Du-Stuhl bleiben, zuhören, präsent sein. So entstehen ganz andere Ideen und viel bessere Lösungen.

Welche Veränderung nimmst Du in Deinem Team wahr? Wie reagiert Dein Team auf Deine Veränderung?

Das Team nimmt mich als klar und zugleich zugänglich wahr. Ich bekomme Rückmeldung, dass Gespräche strukturiert und lösungsorientiert laufen. Mitarbeiter kommen häufiger mit durchdachten Ansätzen statt nur mit Problemen. Es hat sich eine andere Haltung entwickelt – mehr Eigenverantwortung, mehr Offenheit. Das entlastet mich spürbar und verbessert das Arbeitsklima.

Was hat sich für Dich persönlich verändert? Was ist für Dich der größte Gewinn?
Selbstempathie hat mich persönlich befreit und macht mich handlungssicher: Unangenehme Gefühle weisen mich auf aktuell oder wiederkehrend unerfüllte Bedürfnisse hin und können vollständig zum Ausdruck gebracht werden. Auf dieser Basis verstehe ich die Beweggründe meines Gegenübers – ohne zwingend zustimmen zu müssen. Diese innere Haltung ermöglicht mir klare Kommunikation und stärkt zugleich meine eigene Einstellung.

Ich bin souveräner im Umgang mit Konflikten. Ich halte emotional aufgeladene Situationen besser aus und kann gleichzeitig klar bleiben. Der größte Gewinn ist für mich, dass ich mich nicht mehr für jede Spannung im Team zuständig fühle – ohne mich dabei zurückzuziehen. Ich bin anders für mein Team da: gezielt, ruhig, wirksam. Wir lösen Probleme gemeinsam. Das schafft viel mehr Raum für meine eigentlichen Führungsaufgaben, gerade die wichtigen strategischen Themen, die sonst so oft im Tagesgeschäft untergehen. Ich habe deutlich weniger Stress, und ja: auch mehr Zeit für meine Familie und Hobbys.

Der Mitarbeiter

Was hast Du über die Weiterbildung gedacht, bevor Du sie begonnen hast?
Ich war neugierig, aber auch ein bisschen unsicher. Ich hatte gehofft, dass ich etwas mitnehmen kann, um besser mit schwierigen Situationen klarzukommen – im Team und mit Kunden. Vor allem wollte ich lernen, wie ich Dinge ansprechen kann, ohne dass es gleich unangenehm wird. Gleichzeitig war ich mir nicht sicher, ob es wirklich konkret wird oder eher theoretisch bleibt.

Machen sich Deine Erfahrungen aus der Weiterbildung in Deinem beruflichen Alltag bemerkbar? Was ist anders als vor der Weiterbildung?
Ja, auf jeden Fall! Ich habe keine Angst mehr vor schwierigen Kunden – ich würde sogar sagen, ich habe überhaupt keine schwierigen Kunden mehr. Früher hatte ich vor manchen Kandidaten richtig Angst. Da gab es Menschen, die wurden bei uns durch die Abteilung gereicht oder zum Chef »delegiert«. Auf die hatte keiner

Lust. Heute sehe ich es als Herausforderung, die mir richtig Spaß macht. Auch der schwierigste Kunde hat ein Anliegen und will verstanden werden. Das herauszufinden ist meine Aufgabe. Auf der anderen Seite kann ich mich aber auch gegen übergriffiges Verhalten klar abgrenzen, ohne emotional zu werden. Ich traue mir heute viel mehr zu, weil ich auch gemerkt habe: Ich kann selbst Lösungen finden, die für beide Seiten funktionieren. Das ist ein gutes Gefühl – ich bin nicht mehr so abhängig oder hilflos, sondern handlungsfähig.

Welche Veränderung nimmst Du in Deinem Team wahr? Wie reagiert Dein Team auf Deine Veränderung?

Ich bringe Themen klarer zur Sprache – und dadurch entstehen bessere Gespräche. Ich habe den Eindruck, dass andere sich davon mitziehen lassen. Es wird direkt und ehrlich, und gleichzeitig auch respektvoll miteinander gesprochen. Ich bekomme oft gesagt, dass ich klar wirke und ruhig bleibe, selbst wenn es mal unangenehm wird. Und ich selbst habe nicht mehr das Gefühl, dass ich auf Hilfe von außen angewiesen bin, um ein Problem zu klären – ich kann das jetzt gemeinsam mit anderen angehen. Diejenigen von uns, die das Training hatten, geben ihr Wissen natürlich auch an die anderen weiter. Wir reden über schwierige Situationen nicht mehr aus Frust, sondern wie eine spannende Aufgabe und tauschen uns darüber aus, wie wir ein Problem gelöst haben. Es ist ein ganz anderer Teamgeist.

Was hat sich für Dich persönlich verändert? Was ist für Dich der größte Gewinn?

Ich habe erkannt, dass Selbstempathie die Grundlage für Empathie ist: Nur wer sich selbst versteht, gewinnt die Klarheit und Energie, um andere zu verstehen. Dabei wurde mir klar: es geht dabei nicht zwangsläufig um Zustimmung. Mein größter Gewinn ist die geübte Selbstempathie. Früher stellte ich meine Bedürfnisse zurück, um Harmonie zu wahren. Heute kommuniziere ich klar und sage – wertschätzend – auch mal »Nein«.

Gleichzeitig bin ich viel selbstständiger geworden. Früher dachte ich oft: »Das soll lieber jemand anderes regeln.« Heute denke ich: »Ich kann das allein – und ich darf das auch.« Ich habe gelernt, schwierige Situationen auszuhalten und trotzdem aktiv zu bleiben. Das gibt mir Sicherheit und macht mich unabhängig. Der größte Gewinn ist, dass ich mich nicht mehr klein oder überfordert fühle, wenn es mal hakt – ich weiß, wie ich damit umgehen kann. Das wirkt sich auf alles aus: meine Arbeit, meine Gespräche, mein Auftreten.

Die Kundin

Ist Ihnen im Kontakt mit der AOK etwas aufgefallen, das sich in letzter Zeit verändert hat?
Ja, sehr deutlich. In den letzten Monaten sind Gespräche deutlich angenehmer persönlicher. Ich fühle, dass echtes Interesse an meinem Anliegen besteht – nicht nur daran, es formal korrekt abzuarbeiten. Es wird präzise nachgefragt, zugehört und reagiert, und zwar mit einer Haltung, die weit über reines Pflichtbewusstsein hinausgeht.

Wie erleben Sie den Umgang mit Ihrem Anliegen?
Ich fühle mich als Mensch und Kunde wertgeschätzt. Auch wenn nicht jede Forderung umsetzbar ist, bleibt der Austausch konstruktiv und lösungsorientiert. Statt pauschaler Ablehnung kommt oft ein sinnvoller Vorschlag – im Sinne von: Das geht vielleicht nicht, aber wie wäre es damit? Man spürt, dass der Mitarbeiter nicht einfach eine Vorschrift durchsetzt, sondern sich ehrlich um eine tragfähige Lösung bemüht. Und erstaunlich oft ist diese Lösung dann sogar besser als meine ursprüngliche Erwartung.

Was hat sich aus Ihrer Sicht am meisten verändert?
Die Haltung. Es wird nicht nur sachlich informiert, sondern wirklich kommuniziert. Mein Kundenberater hört mir wirklich zu und hilft mir auch bei komplexen und emotionalen Themen weiter. Gerade in Telefongesprächen fällt mir auf, wie persönlich der Kontakt inzwischen geworden ist. Ich habe eine größere Verbindlichkeit im Kontakt gespürt und inzwischen auch mehr Vertrauen aufgebaut.

Wie wirkt sich das auf Ihre Beziehung zur AOK aus?
Die AOK ist nicht mehr irgendeine undurchsichtige Institution, die einfach nur Vorgänge abhaken und Kosten drücken will, sondern ein wirklich hilfreicher Partner für meine Gesundheit.

Es geht mir auch gar nicht darum, dass immer alles genau nach meinem Wunsch verläuft, sondern darum, wie mit mir und meinem Anliegen umgegangen wird. Und dieser Umgang hat an Qualität gewonnen – fachlich, aber vor allem menschlich. Es fühlt sich weniger nach Verwaltung an, mehr nach Begleitung. Ich kann die AOK uneingeschränkt weiterempfehlen und tue das auch.

Über die Autoren

Günther Beltz ist Sozial- und Kommunikationswissenschaftler mit knapp 20 Jahren Erfahrung als Führungskraft und Projektleiter in Industrieunternehmen im In- und Ausland. Seit 2017 wirkt er in der empathiewerkstatt als Mediator, akkreditierter Trainer für das Team-Management-System (TMS) nach Margerison-McCann sowie Trainer für Gewaltfreie Kommunikation und befähigt Menschen zu wertschätzender und verbindender Kommunikation.

Das sagen die anderen:

Günther ist ein offener Mensch, bei dem jeder sein kann, wie er ist. Durch sein beständiges Wesen, seine ruhige Art und seine Verlässlichkeit fasst man sehr schnell Vertrauen zu ihm. Er ist ein wichtiger Ankerpunkt in jedem Seminar, behält alle Details im Blick und ist zu einhundert Prozent präsent. Er strahlt auch in schwierigen Situationen eine große Ruhe aus und löst Konflikte auf seine unvergleichliche, empathische Art und Weise.

Stefanie Beltz ist Betriebswirtin sowie Spezialistin für Marketing und Kommunikation. Nach diversen Führungspositionen setzt sie ihre Erfahrung jetzt als Mediatorin, Kommunikationstrainerin und Coach ein. Sie ist auch akkreditierte Trainerin für das Team-Management-System (TMS) nach Margerison-McCann. Sie legt besonderen Wert auf Sozialkompetenz und Empathie in der digitalisierten Welt.

Das sagen die anderen:

Humor und Zuversicht sind Steffies Naturell. Durch ihre große Freude an der Arbeit gibt sie jedem Seminar die nötige Leichtigkeit. Ihr offener Umgang mit ihren eigenen Gefühlen setzt ein wichtiges Zeichen und gibt den Teilnehmern das Vertrauen, sich ebenfalls öffnen und voll auf das Training einlassen zu können. Mit Kreativität, Ideenreichtum und hoher Professionalität hilft sie uns, immer besser zu werden.

Anette Gohlke ist seit 2017 als freiberufliche Mediatorin und Kommunikationstrainerin etabliert. Ihre Berufserfahrung in der Führung von Vertriebsteams setzt sie heute nach den Prinzipien der Gewaltfreien Kommunikation um. Sie ist Resilienztrainerin, geprüfte Mediatorin, akkreditierte Trainerin für das Team-Management-System (TMS) nach Margerison-McCann. und anerkannte Trainerin für Gewaltfreie Kommunikation.

Das sagen die anderen:

Anette bringt Leichtigkeit, Klarheit und Freude in jedes Seminar. Ihr echtes Interesse am Menschen führt zu Verbindung und Vertrauen. Durch ihre Offenheit nimmt sie jeden Teilnehmer mit auf die Reise zu Entwicklung und Wachstum. Sie schafft es, mit ihren Ideen selbst kritische Situationen wertschätzend für alle Beteiligten zu lösen.

Karin Zenker ist freie Kommunikationstrainerin und Mediatorin, die sich auf Gewaltfreie Kommunikation spezialisiert hat. Mit über 20 Jahren Erfahrung als Ergotherapeutin schult sie heute Menschen in wertschätzender Kommunikation und Konfliktlösung. Sie ist zertifiziert im Persolog-Persönlichkeitsprofil und akkreditierte Trainerin für das Team-Management-System (TMS) nach Margerison-McCann.

Das sagen die anderen:

Karin vereint Lebensfreunde und Ernsthaftigkeit zu einer perfekten Mischung. Sie kann sehr gut auch mit ungeplanten Situationen umgehen und bringt in kurzer Zeit alle wieder zurück auf den richtigen Weg. Mit ihrer sympathischen Klarheit sorgt sie dafür, dass auch schwierige Themen auf den Tisch kommen und nichts unbearbeitet bleibt. Von Karin lernt man sehr schnell, dass man Spaß an seiner Arbeit haben kann, ohne das Ziel aus den Augen zu verlieren.